AF453835

ACTES CONSTITUTIFS

DE LA

COMPAGNIE UNIVERSELLE

DU

CANAL DE SUEZ.

PARIS. — TYPOGRAPHIE DE HENRI PLON,

IMPRIMEUR DE L'EMPEREUR,

8, rue Garancière

ACTES CONSTITUTIFS

DE LA

COMPAGNIE UNIVERSELLE

DU

CANAL DE SUEZ.

PARIS

HENRI PLON, IMPRIMEUR-ÉDITEUR

RUE GARANCIÈRE, 10

1866

COMPAGNIE UNIVERSELLE

DU

CANAL MARITIME DE SUEZ.

N° 1.

PREMIER ACTE DE CONCESSION

DE

S. A. MOHAMMED-SAID, VICE-ROI D'ÉGYPTE.

Notre ami M. Ferdinand de Lesseps ayant appelé
notre attention sur les avantages qui résulteraient
pour l'Égypte de la jonction de la mer Méditerranée
et de la mer Rouge par une voie navigable pour les
grands navires, et nous ayant fait connaître la possi-
bilité de constituer, à cet effet, une compagnie formée de capitalistes de toutes les nations, nous avons
accueilli les combinaisons qu'il nous a soumises, et
lui avons donné, par ces présentes, pouvoir exclusif
de constituer et de diriger une compagnie universelle pour le percement de l'isthme de Suez et l'exploitation d'un canal entre les deux mers, avec faculté d'entreprendre ou de faire entreprendre tous

travaux et constructions, à la charge par la compagnie de donner préalablement toute indemnité aux particuliers en cas d'expropriation pour cause d'utilité publique; le tout dans les limites et avec les conditions et charges déterminées dans les articles qui suivent.

ARTICLE 1er. — M. Ferdinand de Lesseps constituera une Compagnie, dont nous lui confions la direction, sous le nom de Compagnie universelle du canal maritime de Suez, pour le percement de l'isthme de Suez, l'exploitation d'un passage propre à la grande navigation, la fondation ou l'appropriation de deux entrées suffisantes, l'une sur la Méditerranée, l'autre sur la mer Rouge, et l'établissement d'un ou de deux ports.

ART. 2. — Le directeur de la Compagnie sera toujours nommé par le gouvernement égyptien, et choisi, autant que possible, parmi les actionnaires les plus intéressés dans l'entreprise.

ART. 3. — La durée de la concession est de quatre-vingt-dix-neuf ans, à partir du jour de l'ouverture du canal des deux mers.

ART. 4. — Les travaux seront exécutés aux frais exclusifs de la Compagnie, à laquelle tous les terrains nécessaires n'appartenant pas à des particuliers seront concédés à titre gratuit. Les fortifications que le gouvernement jugera à propos d'établir ne seront point à la charge de la Compagnie.

Art. 5. — Le gouvernement égyptien recevra annuellement de la Compagnie 15 0/0 des bénéfices nets résultant du bilan de la Société, sans préjudice des intérêts et dividendes revenant aux actions qu'il se réserve de prendre pour son compte lors de leur émission et sans aucune garantie de sa part dans l'exécution des travaux ni dans les opérations de la Compagnie. Le reste des bénéfices nets sera réparti ainsi qu'il suit :

75 0/0 au profit de la Compagnie,

10 0/0 au profit des membres fondateurs.

Art. 6. — Les tarifs des droits de passage du canal de Suez, concertés entre la Compagnie et le vice-roi d'Égypte et perçus par les agents de la Compagnie, seront toujours égaux pour toutes les nations, aucun avantage particulier ne pouvant jamais être stipulé au profit exclusif d'aucune d'elles.

Art. 7. — Dans le cas où la Compagnie jugerait nécessaire de rattacher par une voie navigable le Nil au passage direct de l'isthme, et dans celui où le canal maritime suivrait un tracé indirect desservi par l'eau du Nil, le gouvernement égyptien abandonnerait à la Compagnie les terrains du domaine public aujourd'hui incultes qui seraient arrosés et cultivés à ses frais ou par ses soins.

La Compagnie jouira, sans impôts, desdits terrains pendant dix ans, à partir du jour de l'ouverture du canal ; — durant les quatre-vingt-neuf ans qui resteront à s'écouler jusqu'à l'expiration de la concession, elle payera la dîme au gouvernement égyptien; après quoi, elle ne pourra continuer à jouir des terrains ci-dessus mentionnés qu'autant qu'elle payera audit gouvernement un impôt égal à celui qui sera affecté aux terrains de même nature.

Art. 8. — Pour éviter toute difficulté au sujet des terrains qui seront abandonnés à la Compagnie concessionnaire, un plan dressé par M. Linaut-Bey, notre commissaire ingénieur auprès de la Compagnie, indiquera les terrains concédés, tant pour la traversée et les établissements du canal maritime et du canal d'alimentation dérivé du Nil, que pour les exploitations de culture, conformément aux stipulations de l'article 7.

Il est, en outre, entendu que toute spéculation est, dès à présent, interdite sur les terrains du domaine public à concéder, et que les terrains appartenant antérieurement à des particuliers, et que les propriétaires voudront plus tard faire arroser par les eaux du canal d'alimentation exécuté aux frais de la Compagnie, payeront une redevance de..... par feddan cultivé (1) (ou une redevance fixée amiablement entre le gouvernement égyptien et la Compagnie).

Art. 9. — Il est enfin accordé à la Compagnie

---

(1) Le feddan égyptien correspond à peu près à un demi-hectare.

concessionnaire la faculté d'extraire des mines et carrières appartenant au domaine public, sans payer de droits, tous les matériaux nécessaires aux travaux du canal et aux constructions qui en dépendront, de même qu'elle jouira de la libre entrée de toutes les machines et matériaux qu'elle fera venir de l'étranger pour l'exploitation de sa concession.

ART. 10. — A l'expiration de la concession, le gouvernement égyptien sera substitué à la Compagnie, jouira sans réserve de tous ses droits et entrera en pleine possession du canal des deux mers et de tous les établissements qui en dépendront. Un arrangement amiable ou par arbitrage déterminera l'indemnité à allouer à la Compagnie pour l'abandon de son matériel et des objets mobiliers.

ART. 11. — Les statuts de la Société nous seront ultérieurement soumis par le directeur de la Compagnie et devront être revêtus de notre approbation. Les modifications qui pourraient être introduites plus tard devront préalablement recevoir notre sanction. Lesdits statuts mentionneront les noms des fondateurs, dont nous nous réservons d'approuver la liste. Cette liste comprendra les personnes dont les travaux, les études, les soins ou les capitaux auront antérieurement contribué à l'exécution de la grande entreprise du canal de Suez.

ART. 12. — Nous promettons enfin notre bon et loyal concours et celui de tous les fonctionnaires de l'Égypte pour faciliter l'exécution et l'exploitation des présents pouvoirs.

Caire, le 30 novembre 1854.

A mon dévoué ami, de haute naissance et de rang élevé,
M. Ferdinand de Lesseps.

La concession accordée à la Compagnie universelle du canal de Suez devant être ratifiée par S. M. I. le Sultan, je vous remets cette copie pour que vous la conserviez par devers vous. Quant aux travaux relatifs au creusement du canal de Suez, ils ne seront commencés qu'après l'autorisation de la Sublime Porte.

Le 3 ramadan 1271.

O. Cachet du vice-roi.

Pour traduction conforme au texte turc,

Le Secrétaire des commandements de
Son Altesse le vice-roi,

Signé KOENIG-BEY.

Alexandrie, le 19 mai 1855.

N° 2.

RAPPORT A S. A. MOHAMMED SAID-PACHA

ET

INSTRUCTIONS DU VICE-ROI.

J'ai eu l'honneur de soumettre à Votre Altesse le mémoire de ses ingénieurs MM. Linant-Bey et Mougel-Bey sur la canalisation de l'isthme de Suez.

Ce travail est destiné à servir d'avant-projet pour le percement de l'isthme. Il est accompagné d'une carte indiquant la configuration et la nature du sol. Il a mérité l'approbation de Votre Altesse, qui m'a invité à lui donner la plus grande publicité, afin d'appeler, sur une question qui intéresse le monde entier, l'attention, l'examen et les observations de tous les hommes compétents de l'Europe et de l'Amérique.

Votre Altesse a décidé d'envoyer immédiatement aux conseillers de S. M. I. le Sultan les explications qu'ils réclament pour ratifier le projet de la communication des deux mers. Je me rendrai, de mon côté, directement en Europe. Je m'empresserai de faire imprimer et de publier les documents officiels de l'affaire, ainsi que l'avant-projet de MM. Linant-Bey et Mougel-Bey. Des dispositions seront prises à l'effet de recueillir, dans un délai fixé, les opinions des hommes compétents qui voudront bien apporter à l'entreprise le concours de leurs lumières.

Pendant ce temps, vos ingénieurs prépareront les éléments de leur projet définitif.

Lorsque ce projet définitif sera achevé, et lorsque les observations reçues de chaque pays auront pu former un corps de doctrine, il sera procédé à la nomination d'une commission d'ingénieurs connus par leurs travaux hydrauliques, et choisis en Angleterre, en France, en Allemagne et en Hollande. Cette commission donnera son opinion sur le projet des ingénieurs de Votre Altesse, indiquera les modifications ou les changements qu'elle croira devoir adopter. Tous les moyens seront mis à sa disposition pour visiter l'isthme de Suez si elle juge nécessaire de voir les localités avant de prononcer.

Votre Altesse a voulu, dès à présent, circonscrire dans de certaines limites les études des tracés. Après avoir passé en revue les nombreux projets présentés aux gouvernements ou au public depuis plus de cinquante ans, elle laisse toute liberté d'appliquer les moyens que la science reconnaîtra les meilleurs pour faire communiquer entre elles la mer Rouge et la Méditerranée par la coupure de l'*isthme de Suez,* sur tel ou tel point de l'isthme, à l'est du cours du

Nil ; mais elle a déclaré qu'elle n'autoriserait pas la Compagnie du grand canal maritime de Suez à adopter un tracé qui aurait pour point de départ la côte de la Méditerranée à l'ouest de la branche de Damiette et qui traverserait le cours du Nil.

Ce sera seulement après l'adoption du tracé de communication des deux mers, et lorsque tous les avantages et toutes les obligations de ceux qui prendront part à l'entreprise seront bien déterminés, que les capitalistes et le public seront appelés à souscrire des actions, et que les représentants des intéressés décideront en dernier ressort sur toutes les questions se rattachant à l'administration, à l'exécution et à l'exploitation de l'entreprise.

Permettez-moi maintenant de signaler à Votre Altesse les travaux préparatoires auxquels auront à se livrer dès à présent MM. Linant-Bey et Mougel-Bey avant de présenter leur projet définitif.

Ils devront :

1° Tracer sur le terrain la ligne du canal maritime dans ses détails, avec tous ses angles, toutes ses courbes, et rapporter cette ligne ainsi tracée sur un plan ;

2° Faire le nivellement le long de cette ligne, qu'ils prolongeront dans les deux mers jusqu'à une profondeur de 10 mètres d'eau ;

3° Lever des profils en travers partout où la forme du terrain l'exigera ;

4° Procéder aux sondages le long de la ligne et pousser ces sondages jusqu'à 10 mètres au-dessous du niveau des basses mers de la Méditerranée;

5° Recueillir des échantillons des diverses natures de terrains découvertes dans leurs opérations;

6° Fixer les prix élémentaires de la main-d'œuvre et de tous les matériaux qui seront employés dans la construction du canal;

7° Établir les bases positives qui serviront à évaluer la quantité d'ouvriers en tous genres nécessaires à l'exécution des travaux.

J'aurai soin de mon côté de recueillir les documents statistiques les plus récents qui permettront de fixer l'évaluation *minimum* des produits.

Lorsque le moment arrivera de commencer les travaux du canal maritime, on devra faire venir d'Europe un grand nombre de machines et une quantité considérable de matériaux, des bois, des fers, de la houille, etc. , etc. La Compagnie du canal de Suez trouvera des avantages de sûreté, d'économie et de facilité de transport qui n'existent pas aujourd'hui, dans le chemin de fer continué jusqu'à Suez et dans l'établissement de la société de remorquage, à laquelle se lie l'amélioration du canal Mahmoudieh, ainsi que sa communication avec le port d'A-lexandrie.

Les correspondances que j'ai reçues de l'Europe témoignent de l'intérêt toujours croissant avec lequel le projet de l'ouverture de l'isthme est partout accueilli. Parmi les personnes qui m'ont spontanément offert leur concours, il en est qui ont mis à ma disposition des sommes considérables pour contribuer aux premières dépenses de l'entreprise. Ces offres s'élèvent déjà à plus de 15 millions de francs. Je n'ai pas pensé qu'il y eût lieu d'en profiter, mais j'ai inscrit ceux qui les ont faites, et Votre Altesse a trouvé juste de leur réserver un avantage de priorité à l'époque de la répartition des actions.

Votre Altesse a déjà arrêté une première liste de soixante membres fondateurs remplissant les conditions voulues par l'article 11 du firman. Votre Altesse, qui me laisse le soin de la compléter par l'adjonction des personnes qui m'auront aidé en Europe ou en Amérique dans la fondation de l'œuvre, a désiré que le nombre total ne s'élevât pas, autant que possible, au delà de cent.

Votre Altesse a bien voulu approuver la nomination provisoire de M. Ruyssenaërs, consul général des Pays-Bas, en qualité d'agent supérieur de la Compagnie en Égypte. Il méritait à tous égards ce témoignage de confiance.

Tels sont les actes préliminaires qui ont paru à Votre Altesse devoir aider à la réussite de sa grande entreprise. Je vous prie, Monseigneur, de me faire connaître si j'ai bien compris vos intentions.

FERD. DE LESSEPS.

Camp de Maréa, 30 avril 1855.

A mon dévoué ami, de haute naissance et de rang élevé,
M. Ferdinand de Lesseps.

J'ai pris connaissance du rapport que vous m'avez adressé le 30 avril, et j'ai approuvé ce document, qui devra vous tenir lieu d'instructions. J'ai apprécié le zèle que vous avez déployé dans cette affaire, l'intérêt tout amical que vous y avez pris, et j'en ai éprouvé une véritable satisfaction.

Le 3 ramadan 1271.

O. Cachet du vice-roi.

Pour traduction conforme au texte turc,

Le Secrétaire des commandements de
Son Altesse le vice-roi.

Signé KOENIG-BEY.

Alexandrie, le 19 mai 1855.

N° 3.

DEUXIÈME ACTE DE CONCESSION

ET

CAHIER DES CHARGES

POUR LA CONSTRUCTION ET L'EXPLOITATION
DU CANAL MARITIME DE SUEZ ET DÉPENDANCES.

***

NOUS MOHAMMED - SAÏD - PACHA , VICE - ROI D'ÉGYPTE ,

Vu notre acte de concession en date du 30 novembre 1854, par lequel nous avons donné à notre ami M. Ferdinand de Lesseps pouvoir exclusif à l'effet de constituer et diriger une *Compagnie universelle* pour le percement de l'isthme de Suez, l'exploitation d'un passage propre à la grande navigation, la fondation ou l'appropriation de deux entrées suffisantes, l'une sur la Méditerranée, l'autre sur la mer Rouge, et l'établissement d'un ou deux ports ;

M. Ferdinand de Lesseps nous ayant représenté que, pour constituer la Compagnie sus-indiquée dans les formes et conditions généralement adoptées pour les sociétés de cette nature, il est utile de stipuler d'avance, dans un acte plus détaillé et plus complet, d'une part, les charges, obligations et redevances auxquelles cette Société sera soumise; d'autre part, les concessions, immunités et avantages auxquels elle aura droit, ainsi que les facilités qui lui seront accordées pour son administration,

Avons arrêté, comme suit, les conditions de la concession qui fait l'objet des présentes.

§ 1er. — CHARGES.

ARTICLE 1er. — La Société fondée par notre ami M. Ferdinand de Lesseps, en vertu de notre concession du 30 novembre 1854, devra exécuter à ses frais, risques et périls, tous les travaux et constructions nécessaires pour l'établissement :

1° D'un canal approprié à la grande navigation maritime, entre Suez dans la mer Rouge, et le golfe de Péluse dans la mer Méditerranée;

2° D'un canal d'irrigation approprié à la navigation fluviale du Nil, joignant le fleuve au canal maritime susmentionné;

3° De deux branches d'irrigation et d'alimentation dérivées du précédent canal et portant leurs eaux dans les deux directions de Suez et de Péluse.

Les travaux seront conduits de manière à être terminés dans un délai de six années, sauf les empêchements et retards provenant de force majeure.

Art. 2. — La Compagnie aura la faculté d'exécuter les travaux dont elle est chargée par elle-même et en régie, ou de les faire exécuter par des entrepreneurs au moyen d'adjudications ou de marchés à forfait. Dans tous les cas, les quatre cinquièmes au moins des ouvriers employés à ces travaux seront Égyptiens.

Art. 3. — Le canal approprié à la grande navigation maritime sera creusé à la profondeur et à la largeur fixées par le programme de la Commission scientifique internationale.

Conformément à ce programme, il prendra son origine au port même de Suez; il empruntera le bassin dit des lacs Amers et le lac Timsah; il viendra déboucher dans la Méditerranée en un point du golfe de Péluse qui sera déterminé dans les projets définitifs à dresser par les ingénieurs de la Compagnie.

Art. 4. — Le canal d'irrigation approprié à la navigation fluviale dans les conditions dudit programme, prendra naissance à proximité de la ville du Caire, suivra la vallée (ouadée) Toumilat (ancienne terre de Gessen), et débouchera dans le grand canal maritime au lac Timsah.

Art. 5. — Les dérivations du canal précédent s'en détacheront en amont du débouché dans le lac Timsah; de ce point elles seront dirigées, d'un côté

2.

sur Suez, de l'autre côté sur Péluse, parallèlement au grand canal maritime.

Art. 6. — Le lac Timsah sera converti en un port intérieur propre à recevoir des bâtiments du plus fort tonnage.

La Compagnie sera tenue, en outre, si cela est nécessaire : 1° de construire un port d'abri à l'entrée du canal maritime dans le golfe de Péluse ; 2° d'améliorer le port et la rade de Suez, de manière à ce que les navires y soient également abrités.

Art. 7. — Le canal maritime, les ports en dépendant, ainsi que le canal de jonction du Nil et le canal de dérivation, seront constamment entretenus en bon état par la Compagnie et à ses frais.

Art. 8. — Les propriétaires riverains qui voudront faire arroser leurs terres au moyen de prises d'eau tirées des canaux construits par la Compagnie, pourront en obtenir d'elle la concession moyennant le payement d'une indemnité ou d'une redevance dont le chiffre sera fixé dans les conditions de l'article 17 ci-après.

Art. 9. — Nous nous réservons de déléguer, au siège administratif de la Compagnie, un commissaire spécial dont le traitement sera payé par elle, et qui représentera, près de son administration, les droits et les intérêts du gouvernement égyptien pour l'exécution des dispositions du présent.

Si le siége administratif de la Société est établi ailleurs qu'en Égypte, la Compagnie sera tenue de se faire représenter à Alexandrie par un agent supérieur nanti de tous les pouvoirs nécessaires pour assurer la bonne marche du service et les rapports de la Compagnie avec notre gouvernement.

§ 2. — CONCESSIONS.

ART. 10. — Pour la construction des canaux et dépendances mentionnés dans les articles qui précèdent, le gouvernement égyptien abandonne à la Compagnie, sans aucun impôt ni redevance, la jouissance de tous les terrains n'appartenant pas à des particuliers, qui pourront être nécessaires.

Il lui abandonne également la jouissance de tous les terrains aujourd'hui incultes n'appartenant pas à des particuliers, qui seront arrosés et mis en culture par ses soins et à ses frais, avec cette différence : 1° que les terrains compris dans cette dernière catégorie seront exempts de tout impôt pendant dix ans seulement, à dater de leur mise en rapport; 2° que, passé ce terme, ils seront soumis, pendant le reste de la concession, aux obligations et aux impôts auxquels seront assujettics, dans les mêmes circonstances, les terres des autres provinces de l'Égypte; 3° que la Compagnie pourra ensuite, par elle-même ou par ses ayants droit, conserver la jouissance de ces terrains et des prises d'eau nécessaires à leur fertilisation, à charge de payer au gouvernement égyptien les impôts établis sur les terres dans les mêmes conditions.

ART. 11. — Pour déterminer l'étendue et les limites des terrains concédés à la Compagnie, dans les conditions du § 1er et du § 2 de l'article 10 qui précède, il est référé aux plans ci-annexés: étant expliqué qu'auxdits plans les terrains concédés pour la construction des canaux et dépendances, sans impôt ni redevance, conformément au § 1er, sont teintés en noir, et que les terrains concédés pour être mis en culture en payant certains droits, conformément au § 2, sont teintés en bleu.

Sera considéré comme nul tout acte fait postérieurement à notre acte du 30 novembre 1854, qui aurait pour conséquence de créer à des particuliers, contre la Compagnie, ou des droits à indemnité qui n'existaient pas alors sur les terrains, ou des droits à indemnité plus considérables que ceux auxquels ils auraient pu prétendre à cette époque.

ART. 12. — Le gouvernement égyptien livrera, s'il y a lieu, à la Compagnie, les terrains de propriété particulière dont la possession sera nécessaire à l'exécution des travaux et à l'exploitation de la concession, à charge par elle de payer aux ayants droit de justes indemnités.

Les indemnités d'occupation temporaire ou d'expropriation définitive seront, autant que possible, réglées amiablement ; en cas de désaccord, elles seront fixées par un tribunal arbitral procédant sommairement et composé : 1° d'un arbitre choisi par la Compagnie ; 2° d'un arbitre choisi par les intéressés ; 3° d'un tiers arbitre désigné par nous.

Les décisions du tribunal arbitral seront exécutoires immédiatement et sans appel.

Art. 13. — Le gouvernement égyptien accorde à la Compagnie concessionnaire, pour toute la durée de la concession, la faculté d'extraire des mines et carrières appartenant au domaine public, sans payer aucun droit, impôt ni indemnité, tous les matériaux nécessaires aux travaux de construction et d'entretien des ouvrages et établissements dépendant de l'entreprise.

Il exonère, en outre, la Compagnie de tous droits de douane, d'entrée et autres, pour l'introduction en Égypte de toutes machines et matières quelconques qu'elle fera venir de l'étranger pour les besoins de ses divers services en cours de construction ou d'exploitation.

Art. 14. — Nous déclarons solennellement, pour nous et nos successeurs, sous la réserve de la ratification de S. M. I. le Sultan, le grand canal maritime de Suez à Péluse et les ports en dépendant, ouverts à toujours, comme passages neutres, à tout navire de commerce traversant d'une mer à l'autre, sans aucune distinction, exclusion ni préférence de personnes ou de nationalités, moyennant le payement des droits et l'exécution des règlements établis par la Compagnie universelle concessionnaire pour l'usage dudit canal et dépendances.

ART. 15. — En conséquence du principe posé dans l'article précédent, la Compagnie universelle concessionnaire ne pourra, dans aucun cas, accorder à aucun navire, compagnie ou particulier, aucuns avantages ou faveurs qui ne soient accordés à tous autres navires, compagnies ou particuliers, dans les mêmes conditions.

ART. 16. — La durée de la Société est fixée à quatre-vingt-dix-neuf années, à compter de l'achèvement des travaux et de l'ouverture du canal maritime à la grande navigation.

A l'expiration de cette période, le gouvernement égyptien rentrera en possession du canal maritime construit par la Compagnie, à charge par lui, dans ce cas, de reprendre tout le matériel et les approvisionnements affectés au service maritime de l'entreprise et d'en payer à la Compagnie la valeur telle qu'elle sera fixée, soit amiablement, soit à dire d'experts.

Néanmoins, si la Compagnie conservait la concession par périodes successives de quatre-vingt-dix-neuf années, le prélèvement stipulé au profit du gouvernement égyptien par l'article 18 ci-après serait porté pour la seconde période à 20 0/0, pour la troisième période à 25 0/0, et ainsi de suite, à raison de 5 0/0 d'augmentation pour chaque période, sans que toutefois ce prélèvement puisse jamais dépasser 35 0/0 des produits nets de l'entreprise.

Art. 17. — Pour indemniser la Compagnie des dépenses de construction, d'entretien et d'exploitation qui sont mises à sa charge par les présentes, nous l'autorisons, dès à présent, et pendant toute la durée de sa jouissance, telle qu'elle est déterminée par les paragraphes 1er et 3 de l'article précédent, à établir et percevoir, pour le passage dans les canaux et les ports en dépendant, des droits de navigation, de pilotage, de remorquage, de halage ou de stationnement, suivant des tarifs qu'elle pourra modifier à toute époque, sous la condition expresse :

1° De percevoir ces droits, sans aucune exception ni faveur, sur tous les navires, dans des conditions identiques ;

2° de publier les tarifs, trois mois avant la mise en vigueur, dans les capitales et les principaux ports de commerce des pays intéressés ;

3° De ne pas excéder, pour le droit spécial de navigation, le chiffre maximum de 10 francs par tonneau de capacité des navires et par tête de passager.

La Compagnie pourra également, pour toutes

les prises d'eau accordées à la demande de particuliers, en vertu de l'article 8 ci-dessus, percevoir, d'après des tarifs qu'elle fixera, un droit proportionnel à la quantité d'eau absorbée et à l'étendue des terrains arrosés.

ART. 18. — Toutefois, en raison des concessions de terrains et autres avantages accordés à la Compagnie par les articles qui précèdent, nous réservons, au profit du gouvernement égyptien, un prélèvement de 15 0/0 sur les bénéfices nets de chaque année, arrêtés et répartis par l'assemblée générale des actionnaires.

ART. 19. — La liste des membres fondateurs qui ont concouru par leurs travaux, leurs études et leurs capitaux, à la réalisation de l'entreprise avant la fondation de la Société, sera arrêtée par nous.

Après le prélèvement stipulé au profit du gouvernement égyptien par l'article 18 ci-dessus, il sera attribué, dans les produits nets annuels de l'entreprise, une part de 10 0/0 aux membres fondateurs ou à leurs héritiers ou ayants cause.

ART. 20. — Indépendamment du temps nécessaire à l'exécution des travaux, notre ami et mandataire M. Ferdinand de Lesseps présidera et dirigera la Société, comme premier fondateur, pendant dix ans à partir du jour où s'ouvrira la période de jouissance de la concession de quatre-vingt-dix-neuf années, aux termes de l'article 16 ci-dessus.

Art. 21. — Sont approuvés les statuts ci-annexés de la Société créée sous la dénomination de *Compagnie universelle du canal maritime de Suez*, la présente approbation valant autorisation de constitution, dans la forme des sociétés anonymes, à dater du jour où le capital social sera entièrement souscrit.

Art. 22. — Comme témoignage de l'intérêt que nous attachons au succès de l'entreprise, nous promettons à la Compagnie le loyal concours du gouvernement égyptien, et nous invitons expressément par les présentes les fonctionnaires et agents de tous les services de nos administrations à lui donner en toute circonstance aide et protection.

Nos ingénieurs, Linant-Bey et Mougel-Bey, que nous mettons à la disposition de la Compagnie pour la direction et la conduite des travaux ordonnés par elle, auront la surveillance supérieure des ouvriers et seront chargés de l'exécution des règlements qui concerneront la mise en œuvre des travaux.

Art. 23. — Sont rapportées toutes dispositions de notre ordonnance du 30 novembre 1854, et autres qui se trouveraient en opposition avec les clauses et conditions du présent cahier des charges, lequel fera seul loi pour la concession à laquelle il s'applique.

Fait à Alexandrie, le 5 janvier 1856.

A mon dévoué ami de haute naissance et de rang élevé,
Monsieur Ferdinand de Lesseps.

La concession accordée à la Compagnie universelle du canal de Suez devant être ratifiée par S. M. I. le Sultan, je vous remets cette copie authentique, afin que vous puissiez constituer ladite Compagnie financière.

Quant aux travaux relatifs au percement de l'isthme, elle pourra les exécuter elle-même dès que l'autorisation de la Sublime Porte m'aura été accordée.

Alexandrie, le 26 rebi-ul-akher 1272 (5 *janvier* 1856).

O. cachet de S. A. le vice-roi.

Pour traduction conforme à l'original en langue turque déposé aux archives du cabinet,

Le Secrétaire des commandements
de S. A. le vice-voi,

Signé : KOENIG-BEY.

N° 4.

STATUTS

DE LA COMPAGNIE UNIVERSELLE

DU

CANAL MARITIME DE SUEZ.

TITRE PREMIER.

FORMATION ET OBJET DE LA SOCIÉTÉ. — DÉNOMINA-
TION. — SIÉGE. — DURÉE.

ATICLE 1er. — Il est formé, entre les souscripteurs et propriétaires des actions créées ci-après,
une Société anonyme sous la dénomination de *Compagnie universelle du canal maritime de Suez.*

ART. 2. — Cette Société a pour objet :

1° La construction d'un canal maritime de grande
navigation entre la mer Rouge et la Méditerranée,
de Suez au golfe de Péluse ;

2° La construction d'un canal de navigation fluviale et d'irrigation joignant le Nil au canal maritime, du Caire au lac Timsah ;

3° La construction de deux canaux de dérivation,
se détachant du précédent en amont de son débou-

ché dans le lac Timsah, et amenant ses eaux dans les deux directions de Suez et de Péluse;

4° L'exploitation desdits canaux et des entreprises diverses qui s'y rattachent;

5° Et l'exploitation des terrains concédés.

Le tout aux clauses et conditions de la concession telle qu'elle résulte des ordonnances de S. A. le vice-roi d'Égypte, en date du 30 novembre 1854 et du 5 janvier 1856 : la première donnant pouvoir spécial et exclusif à M. de Lesseps de constituer et diriger, comme premier fondateur président, une Société en vue de ces entreprises; la seconde portant concession desdits canaux et de leurs dépendances à cette Société, avec toutes les charges et obligations, tous les droits et avantages qui y sont attachés par le gouvernement égyptien.

Art. 3. — La Société a son siége à Alexandrie et son domicile administratif à Paris.

Art. 4. — La Société commence à dater du jour de la signature de l'acte social, portant souscription de la totalité des actions. Sa durée est égale à la durée de la concession.

Art. 5. — Les comptes des dépenses faites antérieurement à la constitution de la Société, soit par S. A. le vice-roi d'Égypte, soit par M. Ferdinand de Lesseps agissant en vertu des pouvoirs dont il était investi pour arriver à la réalisation de l'entreprise, seront réglés par le Conseil d'administration, qui en autorisera le remboursement à qui de droit.

TITRE II.

FONDS SOCIAL. — ACTIONS. — VERSEMENTS.

ART. 6. — Le fonds social est fixé à *deux cents millions de francs,* représentés par *quatre cent mille actions,* à raison de cinq cents francs chacune.

ART. 7. — Les titres d'actions et d'obligations, dont le Conseil d'administration détermine la forme et le modèle, sont libellés en langues turque, allemande, anglaise, française et italienne.

ART. 8. — Le montant de chaque action est payable en espèces, dans la caisse sociale ou chez les représentants de la Compagnie à Alexandrie, Amsterdam, Constantinople, Londres, New-York, Paris, Saint-Pétersbourg, Vienne, Gênes, Barcelone, et autres villes qui seraient désignées par le Conseil d'administration, au cours du change, soit sur Paris, soit sur Alexandrie, au choix de la Compagnie.

ART. 9. — Les versements s'opèrent conformément aux appels faits par le Conseil au moyen d'annonces publiées deux mois à l'avance par l'insertion dans deux journaux, et, à défaut de journaux, par l'affichage à la Bourse, dans les villes désignées à l'article 8 ci-dessus.

ART. 10. — Si le Conseil juge qu'il n'y a pas lieu

d'appeler, au moment de la souscription, le versement immédiat de la partie du capital nécessaire,
aux termes de l'article 12 ci-après, pour l'émission
des titres au porteur, le premier versement peut
être constaté par la délivrance de certificats nominatifs provisoires.

Ces certificats portent un numéro d'ordre; ils sont
détachés d'un registre à souche et timbrés du timbre
sec de la Compagnie. Ils sont signés par deux administrateurs ou par un administrateur et un délégué
du Conseil d'administration.

ART. 11.— Les certificats nominatifs peuvent être
négociés, au moyen d'un transfert signé par le cé-
dant et le cessionnaire et inscrit sur les registres établis dans les bureaux de la Compagnie ou de ceux
de ses représentants désignés à cet effet par le Conseil, partout où besoin sera.

Mention est faite du transfert au dos des titres par
un administrateur ou par un agent à ce commis.

La Compagnie peut exiger que la signature des
parties soit dûment certifiée.

ART. 12. — Les souscripteurs primitifs et leurs
cessionnaires restent solidairement engagés jusqu'au
payement intégral de 30 0/0 sur le montant de
chaque action.

Après le versement de 30 0/0 sur le montant de
chaque action, les certificats nominatifs peuvent être
échangés contre des titres au porteur provisoires.

Art. 13. — Chaque versement effectué est inscrit sur les titres auxquels il s'applique.

Après libération intégrale opérée, il est délivré aux porteurs des actions définitives.

Art. 14. — A défaut de versement aux époques déterminées l'intérêt est dû pour chaque jour de retard à raison de 5 0/0 par an.

La Société peut, en outre, faire vendre les actions dont les versements sont en retard.

A cet effet, les numéros de ces actions sont publiés, conformément aux prescriptions de l'article 9 ci-dessus pour les appels de fonds, avec indication des conséquences du retard apporté dans les versements.

Deux mois après cette publication, la Société, sans mise en demeure et sans autre formalité ultérieure, a le droit de faire procéder à la vente desdites actions pour le compte et aux risques et périls des retardataires.

Cette vente est faite sur duplicata, en une ou plusieurs fois, à la Bourse de Paris ou à celle de Londres, par le ministère d'un agent de change.

Les titres antérieurs des actions ainsi vendues deviennent nuls de plein droit, par le fait même de la vente; il est délivré aux acquéreurs des titres nouveaux qui portent les mêmes numéros et qui sont seuls valables.

En conséquence, tout titre qui ne porte pas la

mention régulière des versements exigibles cesse d'être négociable.

Les mesures qui font l'objet du présent article n'excluent pas l'exercice simultané par la Société, si elle le juge utile, des moyens ordinaires de droit contre les actionnaires en retard.

ART. 15. — Les sommes provenant des ventes effectuées en vertu de l'article précédent, déduction faite des frais et des intérêts, sont imputées, dans les termes de droit, sur ce qui est dû par l'actionnaire exproprié ou par ses cédants, qui restent responsables de la différence, s'il y a déficit, et qui bénéficient de l'excédant, si excédant il y a.

ART. 16. — Les actions définitives sont au porteur ; la cession s'en opère par la simple tradition du titre.

Les actions définitives sont extraites d'un registre à souche, numérotées et revêtues de la signature de deux administrateurs, ou d'un administrateur et d'un délégué du Conseil d'administration.

Elles portent le timbre sec de la Compagnie.

ART. 17. — Le Conseil d'administration peut autoriser le dépôt et la conservation des titres au porteur dans la caisse sociale. — Il détermine, dans ce cas, la forme des certificats nominatifs de dépôt, les conditions de leur délivrance et les garanties dont l'exécution de cette mesure doit être entourée dans l'intérêt de la Société et des actionnaires.

Art. 18. — Chaque action donne droit à une part proportionnelle dans la propriété de l'actif social.

Art. 19. — Toute action est indivisible. La Société ne reconnaît qu'un propriétaire pour chaque action.

Art. 20. — Les droits et les obligations attachés à l'action suivent le titre dans les mains où il se trouve.

La possession d'une action emporte de plein droit adhésion aux statuts de la Société et aux résolutions de l'assemblée générale des actionnaires.

Art. 21. — Les héritiers ou créanciers d'un actionnaire ne peuvent, sous quelque prétexte que ce soit, provoquer l'apposition des scellés sur les biens, valeurs ou revenus de la Société, en demander le partage ou la licitation, ni s'immiscer en aucune manière dans son administration. Ils doivent, pour l'exercice de leurs droits, s'en rapporter aux inventaires sociaux et aux comptes annuels approuvés par l'assemblée générale des actionnaires.

Art. 22. — Les actionnaires ne sont engagés que jusqu'à concurrence du capital de leurs actions, au delà duquel tout appel de fonds est interdit.

Art. 23. — Le Conseil peut autoriser la libération anticipée des actions, mais seulement par mesure générale applicable à tous les actionnaires.

TITRE III.

CONSEIL D'ADMINISTRATION.

ART. 24. — La Société est administrée par un Conseil composé de *trente-deux* membres représentant les principales nationalités intéressées à l'entreprise.

Un comité, choisi dans son sein, est spécialement chargé de la direction et de la gestion des affaires de la Société.

ART. 25. — Les administrateurs ne contractent, en raison de leurs fonctions, aucune obligation personnelle ou solidaire. Ils ne répondent que de l'exécution de leur mandat.

ART. 26. — Les administrateurs sont nommés par l'assemblée générale des actionnaires pour *huit* années.

Le Conseil se renouvelle, en conséquence, chaque année, par *huitième*. Jusqu'à ce que l'entier renouvellement du Conseil ait établi l'ordre de roulement, les membres sortants sont désignés annuellement par le sort.

Les administrateurs sortants peuvent toujours être réélus.

ART. 27. — En cas de vacances provenant de démissions ou de décès, il est pourvu provisoirement au remplacement par le Conseil d'administration jusqu'à la prochaine assemblée générale des actionnaires.

Les administrateurs ainsi nommés ne demeurent en fonctions que pendant le temps restant à courir pour l'exercice de leurs prédécesseurs.

ART. 28. — Chaque administrateur doit être propriétaire de *cent actions*, qui sont inaliénables et restent déposées dans la caisse sociale pendant toute la durée de ses fonctions.

ART. 29. — Une part de 3 0/0 dans les bénéfices nets annuels est attribuée aux administrateurs en raison de leurs peines et soins.

Pendant la durée des travaux, et au besoin pendant les premières années qui suivront l'ouverture du canal maritime à la grande navigation, il est attribué au Conseil, pour tenir lieu de la part de 3 0/0 stipulée ci-dessus, une allocation annuelle qui sera comprise dans les frais d'administration, et dont le montant sera fixé par la première assemblée générale des actionnaires.

Le Conseil d'administration détermine l'attribution particulière qui doit être faite sur cette somme ou sur les 3 0/0 dans les bénéfices aux membres du comité de direction.

ART. 30. — Le Conseil d'administration nomme chaque année, parmi ses membres, un président et trois vice-présidents.

Le président et les vice-présidents peuvent toujours être réélus.

En cas d'absence du président et des vice-présidents, le Conseil désigne, à chaque séance, celui de ses membres qui doit en remplir les fonctions.

Art. 31. — Le Conseil d'administration se réunit au moins une fois par mois. Il se réunit, en outre, sur la convocation du président, aussi souvent que l'exigent les intérêts de la Société.

Les décisions sont prises à la majorité des voix des membres présents.

En cas de partage, la voix du président est prépondérante.

Sept administrateurs au moins doivent être présents pour valider les délibérations du Conseil.

Lorsque sept administrateurs seulement sont présents, les décisions, pour être valables, doivent être prises à la majorité de cinq voix.

Art. 32. — Le secrétaire général de la Compagnie assiste aux séances du Conseil d'administration avec voix consultative.

Art. 33. — Les délibérations du Conseil d'administration sont constatées par des procès-verbaux signés par le président et l'un des membres présents à la séance.

Les copies ou extraits de ces procès-verbaux doivent, pour être produits valablement en justice ou ailleurs, être certifiés par le secrétaire général de la Compagnie.

Un extrait des décisions rendues à chaque séance, dûment certifié, est envoyé, dans les huit jours qui suivent la réunion, à chaque administrateur absent.

ART. 34. — Le Conseil d'administration est investi des pouvoirs les plus étendus pour l'administration des affaires de la Société.

Il arrête les propositions à soumettre à l'assemblée générale des actionnaires en vertu de l'article 56 ci-après.

Il statue sur les propositions du comité de direction concernant les objets suivants, savoir :

1° Nomination et révocation des fonctionnaires et agents supérieurs de la Compagnie ; fixation de leurs attributions et de leur traitement ;

2° Placements temporaires des fonds disponibles ;

3° Études et projets, plans et devis pour l'exécution des travaux ;

4° Marchés à forfait ;

5° Acquisitions, ventes et échanges d'immeubles, achats de navires ou de machines nécessaires pour l'exécution des travaux et l'exploitation de l'entreprise ;

6° Budgets annuels ;

7° Fixation et modification des droits de toute nature à percevoir en vertu de la concession ; conditions et mode de perception des tarifs ;

8° Disposition du fonds de réserve;

9° Disposition du fonds de retraite, de secours et d'encouragement pour les employés;

10° Réglementation de la caisse des dépôts pour les actions et obligations de la Société.

ART. 35. — Le Conseil nomme ceux de ses membres qui doivent faire partie du comité de direction.

Il peut déléguer à un ou à plusieurs administrateurs, aux fonctionnaires, employés de la Compagnie ou autres, tout ou partie de ses pouvoirs par un mandat spécial et pour une ou plusieurs affaires ou objets déterminés.

ART. 36. — Nul ne peut voter dans le Conseil par procuration.

Lorsque le Conseil doit délibérer sur des modifications à apporter dans les tarifs ou dans les statuts, sur des emprunts ou augmentations de capital social, sur des demandes de concessions nouvelles, des traités de fusion avec d'autres entreprises, sur la dissolution et la liquidation de la Société, les administrateurs absents doivent, un mois à l'avance, être informés de l'objet de la délibération et invités à venir prendre part au vote, ou à adresser leur opinion par écrit au président, qui en donne lecture en séance; après quoi les décisions sont prises à la majorité des voix des membres présents.

TITRE IV.

COMITÉ DE DIRECTION.

ART. 37. — Le comité de direction, constitué en vertu des dispositions de l'article 24 ci-dessus, est composé du président du Conseil d'administration et de quatre administrateurs spécialement délégués.

ART. 38. — Le comité de direction se réunit, à la convocation du président, autant de fois que cela est nécessaire pour la bonne marche du service et au moins une fois par semaine.

ART. 39. — Il est tenu procès-verbal des séances du comité de direction. Ces procès-verbaux sont signés par un des administrateurs présents à la séance.

Les extraits de ces procès-verbaux, pour être valablement produits en justice ou ailleurs, doivent être visés par le président et certifiés par le secrétaire général de la Compagnie.

ART. 40. — Le comité de direction est investi de tous pouvoirs pour la gestion des affaires de la Société.

Il pourvoit à l'exécution tant des obligations imposées par le cahier des charges et les statuts, que des résolutions adoptées par l'assemblée générale et des décisions du Conseil d'administration.

Il soumet au Conseil d'administration les propositions relatives aux objets définis à l'article 34 ci-dessus.

Il représente la Société et agit en son nom, par un ou plusieurs de ses membres, dans tous les cas où une disposition expresse n'exige pas l'intervention de l'assemblée générale des actionnaires ou du Conseil d'administration, notamment en ce qui concerne les objets ci-après :

1° Nomination et révocation des employés; fixation de leurs fonctions et de leur solde;

2° Travail des bureaux;

3° Règlements et ordres de service;

4° Ordonnancement et règlement des dépenses;

5° Transferts de rentes, d'effets publics et de commerce;

6° Perceptions de droits, recouvrements de créances, quittances et mainlevées avec ou sans payement, instances judiciaires et administratives, mesures conservatoires;

7° Défenses en justice, compromis, transactions, désistements;

8° Traités, marchés, adjudications, achats de mobilier, baux et locations.

Les actions judiciaires en demandant ou en défendant sont dirigées par ou contre le président et les membres composant le comité de direction.

En conséquence, les notifications ou significations

sont faites et reçues par le comité de direction au nom de la Société.

Les décisions du comité, les actes et engagements approuvés par lui sont signés par le président ou par deux membres du comité délégués à cet effet.

Art. 41. — Le comité de direction et le président du Conseil peuvent déléguer, par procuration authentique, à un ou plusieurs administrateurs, fonctionnaires de la Compagnie, employés ou autres, le pouvoir de signer tous les actes et engagements mentionnés ci-dessus.

Art. 42. — Un administrateur délégué comme agent supérieur et chef de service réside à Alexandrie.

Il est investi de tous les pouvoirs nécessaires pour l'exécution des travaux et la marche de l'exploitation.

Il représente la Compagnie dans tous ses rapports avec le gouvernement égyptien et les tiers.

TITRE V.

ASSEMBLÉE GÉNÉRALE DES ACTIONNAIRES.

Art. 43. — L'assemblée générale régulièrement constituée représente l'universalité des actionnaires.

Art. 44. — L'assemblée générale se compose de tous les actionnaires propriétaires d'au moins vingt-cinq actions.

Elle est régulièrement constituée lorsque les

actionnaires qui la composent sont au nombre de quarante et représentent le vingtième du fonds social.

Art. 45. — Lorsque, sur une première convocation, les actionnaires présents ne remplissent pas les conditions spécifiées ci-dessus pour constituer la validité des délibérations de l'assemblée générale, la réunion est ajournée de plein droit, et l'ajournement ne peut être moindre de deux mois.

Une seconde convocation est faite dans la forme prescrite par l'article 47 ci-après.

Les délibérations de l'assemblée générale dans cette seconde réunion ne peuvent porter que sur les objets à l'ordre du jour de la première. Ces délibérations sont valables quel que soit le nombre des actionnaires présents et des actions représentées.

Art. 46. — L'assemblée générale se réunit, chaque année, dans la première quinzaine du mois de mai.

Elle se réunit, en outre, extraordinairement toutes les fois que le Conseil d'administration en reconnaît l'utilité.

Art. 47. — Les convocations ordinaires et extraordinaires sont faites par un avis publié deux mois avant l'époque de la réunion dans les formes prescrites pour les appels de fonds, par l'article 9 ci-dessus.

Art. 48. — Les actionnaires, pour avoir le droit

d'assister ou de se faire représenter à l'assemblée générale, doivent justifier, au domicile de la Société, au moins cinq jours avant la réunion, du dépôt fait de leurs titres dans la caisse sociale ou chez un représentant de la Compagnie désigné à cet effet par le Conseil d'administration, dans les villes dénommées à l'article 8 ci-dessus.

Les dépôts faits dans ces conditions donnent droit à la remise de cartes d'admission nominatives.

Les actionnaires porteurs de certificats de dépôt ont également la faculté de se faire représenter aux assemblées générales par des mandataires munis de pouvoirs réguliers, dont la forme est déterminée par le Conseil d'administration.

Les fondés de pouvoirs doivent déposer leurs procurations au domicile de la Société cinq jours au moins avant la réunion.

Nul ne peut représenter un actionnaire à l'assemblée s'il n'est lui-même membre de cette assemblée.

Art. 49. — L'assemblée générale est présidée par le président ou par l'un des vice-présidents du Conseil d'administration, et, à leur défaut, par un administrateur nommé par le Conseil.

Les deux plus forts actionnaires présents au moment de l'ouverture de la séance, et qui acceptent, sont nommés scrutateurs.

Le président désigne le secrétaire.

Art. 50. — Les délibérations de l'assemblée générale sont prises à la majorité des voix des membres présents ou régulièrement représentés, conformément à l'article 48 ci-dessus.

En cas de partage, la voix du président est prépondérante.

Art. 51. — Vingt-cinq actions donnent droit à une voix; le même actionnaire ne peut réunir plus de *dix voix*, soit comme actionnaire, soit comme mandataire.

Art. 52. — Le scrutin secret peut être réclamé par *dix* membres.

Art. 53. — Les délibérations de l'assemblée générale sont constatées par des procès-verbaux signés par le président, par les scrutateurs et par le secrétaire.

Les copies ou extraits de ces procès-verbaux, pour être valablement produits en justice ou ailleurs, doivent être certifiés par le secrétaire général de la Compagnie.

Art. 54. — Une feuille de présence, destinée à constater le nombre des membres assistant à l'assemblée et celui des actions représentées par chacun d'eux, reste annexée à la minute du procès-verbal, ainsi que les pouvoirs conférés par les actionnaires absents.

Cette feuille doit être signée par chaque actionnaire à son entrée à la séance.

Art. 55. — L'ordre du jour de l'assemblée générale est arrêté par le Conseil d'administration.

Aucune autre question que celles portées à l'ordre du jour ne peut être mise en délibération.

Art. 56. — L'assemblée générale entend les rapports du Conseil d'administration sur la situation et les intérêts de la Société. Elle délibère sur ses propositions, en se renfermant dans les limites des statuts et du cahier des charges, concernant tous les intérêts de la Compagnie. Elle nomme les administrateurs en remplacement des membres du Conseil sortants ou à remplacer. Elle confère, lorsqu'il y a lieu, au Conseil les pouvoirs nécessaires pour la suite à donner à ses résolutions.

L'approbation de l'assemblée générale est nécessaire pour toute décision statuant sur les objets ci-après, savoir :

1° Concessions nouvelles ;

2° Fusion avec d'autres entreprises ;

3° Modifications aux statuts de la Société ;

4° Dissolution de la Société ;

5° Augmentation du capital social ;

6° Emprunts ;

7° Règlement des comptes de premier établissement en fin de l'exécution des travaux ;

8° Règlement des comptes annuels ;

9° Fixation de la retenue pour le fonds de réserve ;

10° Fixation du dividende à distribuer annuellement aux actions.

ART. 57. — Les délibérations relatives aux objets mentionnés à l'article 56, paragraphes 1er, 2e, 3e, 4e, 5e et 6e, doivent, pour être valables, être prises par une assemblée réunissant au moins le dixième du fonds social et à la majorité des deux tiers des voix des membres présents, au nombre de cinquante au moins.

Lorsque, sur une première convocation, les actionnaires présents ne remplissent pas ces conditions, il est procédé à une deuxième convocation, conformément aux prescriptions de l'article 47 ci-dessus.

Les délibérations de l'assemblée générale réunie en vertu de cette deuxième convocation sont valables quel que soit le nombre des actionnaires présents et des actions représentées.

ART. 58. — Les délibérations de l'assemblée générale prises conformément aux statuts obligent tous les actionnaires, même ceux qui sont absents ou dissidents.

TITRE VI.

COMPTES ANNUELS. — AMORTISSEMENT. — INTÉRÊTS. FONDS DE RÉSERVE. — DIVIDENDES.

ART. 59. — Pendant l'exécution des travaux, il est payé annuellement aux actionnaires un intérêt de 5 0/0 sur les sommes par eux versées, en exécution de l'article 9 ci-dessus.

Il est pourvu au payement de ces intérêts par le produit des placements temporaires de fonds et autres produits accessoires, et au besoin sur le capital social.

Art. 60. — Après l'achèvement des travaux, le compte des recettes et dépenses de la Compagnie pendant la durée de ces travaux est arrêté et soumis à l'assemblée générale des actionnaires par le Conseil d'administration.

Art. 61. — A dater de l'ouverture du canal maritime à la grande navigation, un inventaire général de l'actif et du passif de la Société au 31 décembre précédent est dressé dans le premier trimestre de chaque année. Cet inventaire est soumis à l'assemblée générale des actionnaires réunie dans le courant du mois de mai suivant.

Art. 62. — Les produits annuels de l'entreprise servent d'abord à acquitter dans l'ordre ci-après :

1° Les dépenses d'entretien et d'exploitation, les frais d'administration, et généralement toutes les charges sociales ;

2° L'intérêt et l'amortissement des emprunts qui peuvent avoir été contractés ;

3° *Cinq pour cent* du capital social pour servir aux actions amorties et non amorties un intérêt annuel de *vingt-cinq francs* par action, les intérêts afférents aux actions amorties devant rentrer au fonds d'amortissement, constitué conformément à l'article 66 ci-après;

4° *Quatre centièmes* pour cent du capital social également applicables à ce fonds d'amortissement;

5° La retenue destinée à constituer ou à compléter un fonds de réserve pour les dépenses imprévues, conformément aux dispositions de l'article 69 ci-après.

L'excédant des produits annuels, après ces divers prélèvements, constitue les produits nets ou bénéfices de l'entreprise.

Art. 63. — Les produits nets ou bénéfices de l'entreprise sont répartis de la manière suivante :

1° 15 0/0 au gouvernement égyptien;

2° 10 0/0 aux fondateurs;

3° 3 0/0 aux administrateurs;

4° 2 0/0 pour la constitution d'un fonds destiné à pourvoir aux retraites, aux secours, aux indemnités ou gratifications accordés, suivant qu'il y a lieu, par le Conseil, aux employés;

5° 70 0/0 comme dividende à répartir entre toutes les actions amorties et non amorties indistinctement.

Art. 64. — Le payement des intérêts et dividendes est fait à la caisse sociale, ou chez les représentants désignés par le Conseil d'administration dans les villes dénommées à l'article 8 ci-dessus.

Le payement des intérêts est fait en deux termes, le 1er juillet et le 1er janvier de chaque année.

Le dividende est payé le 1er juillet.

Toutefois le Conseil peut, lorsqu'il juge qu'il y a lieu, autoriser le payement d'un à-compte de dividende le 1er janvier.

Chaque payement est annoncé au moyen de publications faites conformément aux prescriptions de l'article 9 ci-dessus pour les appels de fonds.

Art. 65. — Les intérêts et dividendes qui ne sont pas réclamés à l'expiration de cinq années après l'époque annoncée pour le payement sont acquis à la Société.

Art. 66. — L'amortissement des actions est effectué en quatre-vingt-dix-neuf ans, suivant le tableau d'amortissement dressé en exécution des présents statuts.

Il est pourvu à cet amortissement, ainsi qu'il a été dit à l'article 62 ci-dessus, au moyen d'une annuité de 0 fr. 04 0/0 du capital social et de l'intérêt à 5 0/0 des actions successivement remboursées.

S'il arrivait que, dans le cours d'une ou de plusieurs années, les produits nets de l'entreprise fussent insuffisants pour assurer le remboursement du nombre d'actions à amortir, la somme nécessaire pour compléter le fonds d'amortissement serait prélevée sur la réserve, et, à défaut, sur les premiers produits nets disponibles des années suivantes, par préférence et antériorité à toute attribution de dividende.

La désignation des actions à rembourser a lieu au moyen d'un tirage au sort fait publiquement chaque année au domicile de la Société, aux époques et suivant la forme déterminées par le Conseil.

ART. 67. — Les numéros des actions désignées par le sort pour être remboursées sont annoncés au moyen de publications faites conformément aux prescriptions de l'article 9 ci-dessus.

ART. 68. — Le remboursement des actions désignées par le tirage au sort pour être amorties est fait aux lieux indiqués pour le payement des intérêts et dividendes par l'article 64 ci-dessus.

Les porteurs d'actions amorties conservent les mêmes droits que les porteurs d'actions non amorties, à l'exception de l'intérêt à 5 0/0 du capital qui leur a été remboursé.

ART. 69. — La retenue opérée pour la constitution ou le complément du fonds de réserve, conformément au paragraphe 5e de l'article 62 ci-dessus, est de 5 0/0 des produits annuels, après déduction des charges définies aux paragraphes 1er, 2e, 3e et 4e du même article.

Lorsque le fonds de réserve atteint le chiffre de *cinq millions* de francs, l'assemblée générale des actionnaires peut, sur la proposition du Conseil, réduire ou suspendre la retenue annuelle à ce affectée ainsi qu'il vient d'être expliqué.

Cette retenue reprend cours et effet dès que le fonds de réserve descend au-dessous de *cinq millions de francs.*

Art. 70. — La part attribuée aux fondateurs dans les bénéfices annuels de l'entreprise par le cahier des charges est représentée par des titres spéciaux dont le Conseil détermine le nombre, la nature et la forme.

Dans tous les cas, les prescriptions des articles 17, 18, 19 et 21 ci-dessus, concernant les actions, sont également applicables aux titres des fondateurs, dont les droits suivent ceux des actionnaires sur la jouissance des terrains faisant partie de la concession.

TITRE VII.

MODIFICATIONS AUX STATUTS. — LIQUIDATION.

Art. 71. — Si l'expérience fait reconnaître l'utilité d'apporter des modifications ou additions aux présents statuts, l'assemblée générale y pourvoit dans la forme déterminée à l'article 57.

Les résolutions de l'assemblée à cet égard ne sont toutefois exécutoires qu'après l'approbation du gouvernement égyptien.

Tous pouvoirs sont donnés d'avance au Conseil

d'administration, délibérant à la majorité des deux tiers des voix des membres présents dans une réunion spéciale à cet effet, pour consentir les changements que le gouvernement égyptien jugerait nécessaire d'apporter aux modifications votées par l'assemblée générale.

Art. 72. — Dans le cas de dissolution de la Société, l'assemblée générale, sur la proposition du Conseil d'administration, détermine le mode à adopter, soit pour la liquidation, soit pour la reconstitution d'une Société nouvelle.

TITRE VIII.

ATTRIBUTION DE JURIDICTION. — CONTESTATIONS.

Art. 73. — La Société étant constituée, avec approbation du gouvernement égyptien, sous la forme anonyme, par analogie aux sociétés anonymes autorisées par le gouvernement français, elle est régie par les principes de ces dernières sociétés.

Quoique ayant son siège social à Alexandrie, la Société fait élection de domicile légal et attributif de juridiction à son domicile administratif à Paris, où doivent lui être faites toutes significations.

Art. 74. — Toutes les contestations qui peuvent s'élever entre les associés sur l'exécution des présents statuts et à raison des affaires sociales sont jugées par arbitres nommés par les parties, sans qu'il puisse être nommé plus d'un arbitre pour toutes les parties représentant un même intérêt.

Les appels de ces sentences sont portés devant la Cour d'appel de Paris.

Art. 75. — Les contestations touchant l'intérêt général et collectif de la Société ne peuvent être dirigées soit contre le Conseil d'administration, soit contre l'un de ses membres, qu'au nom de la généralité des actionnaires et en vertu d'une délibération de l'assemblée générale.

Tout actionnaire qui veut provoquer une contestation de cette nature doit en faire la communication au Conseil d'administration quinze jours au moins avant la réunion de l'assemblée générale, en la faisant appuyer par la signature d'au moins dix actionnaires en mesure d'assister à cette assemblée. Le Conseil est alors tenu de mettre la question à l'ordre du jour de la séance.

Si la proposition est repoussée par l'assemblée, aucun actionnaire ne peut la reproduire en justice dans son intérêt particulier. Si elle est accueillie, l'assemblée désigne un ou plusieurs commissaires pour suivre la contestation.

Les significations auxquelles donne lieu la procédure ne peuvent être adressées qu'auxdits commissaires. Dans aucun cas, elles ne doivent l'être aux actionnaires personnellement.

TITRE IX.

COMMISSAIRE SPÉCIAL DU GOUVERNEMENT ÉGYPTIEN PRÈS LA COMPAGNIE.

ART. 76. — Conformément au cahier des charges, un commissaire spécial est délégué près la Compagnie, à son domicile administratif, par le gouvernement égyptien.

Le commissaire du gouvernement égyptien peut prendre connaissance des opérations de la Société, et faire toutes communications ou notifications nécessaires à l'accomplissement de son mandat, pour l'exécution du cahier des charges de la concession.

TITRE X.

DISPOSITIONS TRANSITOIRES. — PREMIER CONSEIL D'ADMINISTRATION.

ART. 77. — Par dérogation aux articles 24, 26, 27, 30, 56 ci-dessus, et sauf l'exception déterminée par l'article 20 de l'acte de concession, le Conseil d'administration est constitué comme suit, pour toute la durée des travaux et pendant les cinq premières années qui suivront l'ouverture du canal maritime à la grande navigation.

MM. . . . .

. . . .

Indépendamment des attributions déterminées par les articles 34 et 35 des présents statuts, le Conseil d'administration, constitué comme il est dit ci-dessus, est investi de tous pouvoirs pour assurer l'exécution de l'entreprise. — A cet effet, il peut choisir le mode qui lui paraît le plus favorable tant pour l'acquisition et la revente des terrains que pour l'achat des matières, l'exécution des travaux et la fourniture du matériel de toute nature. Il peut autoriser la mise en adjudication de tout ou partie des travaux, l'acquisition de tous biens meubles et immeubles nécessaires à l'établissement et à l'exploitation des canaux et dépendances faisant partie de la concession. Il peut également, et dans le même but, autoriser les travaux en régie et les marchés à forfait pour tout ou partie de l'entreprise.

Le premier Conseil d'administration est autorisé, pendant la durée du mandat spécial qui fait l'objet du présent article, à se compléter, en cas de vacances, de quelque manière que ces vacances se produisent.

TITRE XI.

PUBLICATIONS.

Art. 78. — Tous pouvoirs sont donnés au porteur d'une expédition des présentes pour les faire publier à Alexandrie et partout où besoin sera.

Nous Mohammed-Saïd-Pacha, vice-roi d'Égypte,

Après avoir pris connaissance du projet des statuts de la Compagnie universelle du canal maritime de Suez et dépendances, lequel nous a été présenté par M. Ferdinand de Lesseps, et dont l'original, contenant 78 articles, reste déposé dans nos archives,

Déclarons donner auxdits statuts notre approbation, pour qu'ils soient annexés à notre acte de concession et cahier des charges, en date de ce jour.

Alexandrie, le 26 rebi-ul-akher 1272 (5 janvier 1856).

O. Cachet de S. A. le vice-roi.

Pour traduction conforme à l'original en langue turque, déposé aux archives du cabinet,

Le Secrétaire des commandements
de Son Altesse le vice-roi,

Signé : KOENIG-BEY.

N° 5.

RÉGLEMENT

L'EMPLOI DES OUVRIERS INDIGÈNES.

Nous, Mohammed-Saïd-Pacha, vice-roi d'Égypte, voulant assurer l'exécution des travaux du canal maritime de Suez, pourvoir au bon traitement des ouvriers égyptiens qui y seront employés, et veiller en même temps aux intérêts des cultivateurs, propriétaires et entrepreneurs du pays, avons établi, de concert avec M. Ferdinand de Lesseps, comme président-fondateur de la Compagnie universelle dudit canal, les dispositions suivantes :

ART. 1er. — Les ouvriers qui seront employés aux travaux de la Compagnie seront fournis par le gouvernement égyptien, d'après les demandes des ingénieurs en chef et suivant les besoins.

ART. 2. — La paye allouée aux ouvriers sera fixée suivant les prix payés, en moyenne, pour les travaux des particuliers, à la somme de deux piastres et demie à trois piastres par jour, non compris les rations qui seront délivrées en nature par la Compagnie pour la valeur d'une piastre.

Les ouvriers au-dessous de douze ans ne recevront qu'une piastre, mais ration entière.

Les rations en nature seront distribuées par jour ou tous les deux ou trois jours à l'avance; et dans le cas où l'on serait assuré que les ouvriers qui en feront la demande seront en état de pourvoir à leur nourriture, la ration leur sera donnée en argent.

La paye en argent aura lieu toutes les semaines. Cependant la Compagnie ne comptera, pendant le premier mois, que la moitié de la paye, jusqu'à ce qu'elle ait accumulé une réserve de quinze jours de solde, après quoi, la paye entière sera délivrée aux ouvriers.

Le soin de fournir de l'eau potable en abondance pour tous les besoins des ouvriers est à la charge de la Compagnie.

Art. 3. — La tâche imposée aux ouvriers ne dépassera pas celle qui est fixée dans l'administration des ponts et chaussées en Égypte, et qui a été adoptée dans les grands travaux de canalisation exécutés pendant ces dernières années.

Le nombre des ouvriers employés sera fixé en prenant en considération les époques des travaux de l'agriculture.

Art. 4. — La police des chantiers sera faite par les officiers et agents du gouvernement, sous les ordres et suivant les instructions des ingénieurs en chef, conformément à un règlement spécial qui recevra notre approbation.

Art. 5. — Les ouvriers qui n'auront pas rempli leur tâche seront soumis à une diminution de salaire qui ne sera pas moindre du tiers, et qui sera proportionnée au déficit de l'ouvrage commandé. Ceux qui déserteront perdront, par ce seul fait, les quinze jours de solde en réserve; le montant en sera versé à la caisse de l'hôpital, dont il sera parlé à l'article suivant. Ceux qui apporteraient du trouble dans les chantiers seront privés également des quinze jours de solde en réserve. Ils seront, en outre, passibles d'une amende qui sera versée à la caisse de l'hôpital.

Art. 6. — La Compagnie sera tenue d'abriter les ouvriers, soit sous des tentes, soit dans des hangars ou maisons convenables. Elle entretiendra un hôpital et des ambulances, avec tout le personnel et tout le matériel nécessaires pour traiter les malades à ses frais.

Art. 7. — Les frais de voyage des ouvriers engagés et de leurs familles, depuis le lieu de leur départ jusqu'à leur arrivée sur les chantiers, seront à la charge de la Compagnie.

Chaque ouvrier malade recevra à l'hôpital ou dans les ambulances, outre les soins que réclamera son état, une paye d'une piastre et demie pendant tout le temps qu'il ne pourra pas travailler.

Art. 8. — Les ouvriers d'art, tels que maçons,

charpentiers, tailleurs de pierre, forgerons, etc., etc., recevront la paye que le gouvernement a l'usage de leur allouer pour ses travaux, outre la ration de vivres ou la valeur de cette ration.

ART. 9. — Lorsque des militaires appartenant au service actif seront employés aux travaux, la Compagnie déboursera pour chacun d'eux, à titre de haute paye, de solde ordinaire ou d'entretien, une somme égale à la paye des ouvriers civils.

ART. 10. — Toutes les couffes nécessaires pour le transport des terres et des matériaux, ainsi que la poudre pour l'exploitation des carrières, seront fournies par le gouvernement à la Compagnie, au prix de revient, pourvu que la demande en ait été faite au moins trois mois à l'avance.

ART. 11. — Nos ingénieurs Linant-Bey et Mougel-Bey, que nous mettons à la disposition de la Compagnie pour la direction et la conduite des travaux, auront la surveillance supérieure des ouvriers, et s'entendront avec l'administrateur délégué de la Compagnie pour aplanir les difficultés qui pourraient survenir dans l'exécution du présent décret.

Fait à Alexandrie, le 20 juillet 1856.

(L. S.)

(Cachet de S. A. le vice-roi.)

(*Traduction du turc.*)

N° 6.

PREMIÈRE CONVENTION FINANCIÈRE DU 6 AOUT 1860

PORTANT PREMIER RÈGLEMENT DE COMPTE AVEC LE GOUVERNEMENT ÉGYPTIEN AU SUJET DE SA SOUSCRIPTION.

Dans la présente pièce est consignée la convention suivante, à l'effet de porter les actions de la Compagnie du canal de Suez, qui devront être inscrites au nom de Son Altesse le vice-roi, au nombre de 177,642 actions.

Art. 1er. — Montant des deux premiers dixièmes, payements effectués sur ce montant et le solde; le tout sauf erreur et omission.

Il sera porté dans les registres de la Compagnie au débit de Son Altesse le vice-roi, à dater du 1er janvier 1859, le montant des deux dixièmes sus-mentionnés s'élevant, à raison de 100 francs par action, à. . . . . 17,764,200 »

A déduire la somme qui doit être passée au crédit de Son Altesse, dans les registres de la Compagnie, pour capital et intérêts des payements déjà faits à la Compagnie par l'entremise de la maison Ruyssenaërs frères. 2,394,914 52

Reste pour solde dû par Son Altesse. 15,369,285 48

A déduire les intérêts dus à Son
Altesse sur les sommes payées par
Elle depuis le 1er janvier 1859
jusqu'au 31 décembre 1859. . . 121,242 60

Reste pour solde dû à la Com-
pagnie. 15,248,042 88

Ce solde sera remboursé de la manière suivante,
sauf erreur à établir s'il y a lieu :

ART. 2. — La somme de 15,248,042 fr. 88 c.
précitée sera remboursée à la Compagnie en *sanad
talab* (obligations) sur le Trésor égyptien aux
échéances indiquées plus bas, avec un compte d'intérêts à raison de 10 0/0 l'an depuis le 1er janvier
1860 jusqu'aux dates des payements desdits *sanab*
(obligations) comme suit :

2,305,125   » du 15 janvier 1863 au 8 décembre
1863, répartis en neuf payements
chacun de 256,125 francs.

4,314,305 96 du 15 janvier 1864 au 8 décembre
1864, répartis en neuf payements
chacun de 479,367 fr. 33 c.

4,314,305 96 du 15 janvier 1865 au 8 décembre
1865, répartis en neuf payements
chacun de 479,367 fr. 33 c.

4,314,305 96 du 15 janvier 1866 au 8 décembre
1866, répartis en neuf payements
chacun de 479,367 fr. 33 c.

15,248,042 88

Art. 3. — Les *sanad talab* (obligations) susmentionnés seront acceptés par la Compagnie comme numéraire, et par conséquent leur montant sera passé au crédit du compte courant de Son Altesse à partir du 1er janvier 1860.

Art. 4. — Le montant des deux premiers dixièmes des actions susénoncées se trouvant ainsi soldé, un intérêt de 5 0/0 l'an sera passé au crédit de S. A. le vice-roi, à partir du 1er janvier 1860, et réglé par semestres au 1er janvier et au 1er juillet. Le produit de cet intérêt sera déduit des 10 0/0 d'intérêt à calculer sur le montant des *sanad* (obligations), dont il est fait mention à l'article 2.

Art. 5. — Conformément aux articles qui précèdent, la Compagnie doit livrer à S. A. le vice-roi des actions équivalentes au montant des sommes ainsi payées par elle.

Art. 6. — Les huit dixièmes restants du montant des actions ci-dessus indiquées ne seront payés par S. A. le vice-roi qu'à partir du 1er janvier 1867 et jusqu'au 15 janvier 1875, par huitième chaque année à répartir également sur chaque mois de l'année. Le payement de ces huit dixièmes sera réglé par des *sanad talab* (obligations) sur le Trésor égyptien aux échéances indiquées dans le présent article, portant un intérêt égal à celui que doivent porter les actions dont elles sont l'équivalent, de telle sorte qu'il y ait compensation d'intérêts des deux côtés.

5

Fait double à Alexandrie le 18 moharrem 1277 (correspondant au 6 août 1860).

Pour la Compagnie du canal de Suez et au nom de son Conseil d'administration :

Le Président-fondateur.

Pour M. Ferd. de Lesseps, président de la Compagnie du canal de Suez et par procuration spéciale ;

Les administrateurs délégués,

Signé : A. de Chancel.

P. Gérardin.

Cachet du ministre des finances.

Vu pour légalisation du cachet ci-dessus de S. Exc. Ragheb-Pacha, ministre des finances.

Alexandrie, le 9 août 1860.

Le ministre des affaires étrangères,

Signé : Shérif-Pacha.

Vu pour légalisation de la signature ci-dessus de S. Exc. Shérif-Pacha, ministre des affaires étrangères de S. A. le vice-roi d'Égypte.

Alexandrie, le 10 août 1860.

L'agent et Consul général de France,

Signé : Béclard.

N° 7

CONVENTION DU 18 MARS 1863

ENTRE LE GOUVERNEMENT ÉGYPTIEN
ET LA COMPAGNIE UNIVERSELLE DU CANAL MARITIME DE SUEZ,
POUR LA CONSTRUCTION DU CANAL D'EAU DOUCE
DU CAIRE AU OUADY.

EXPOSÉ.

Aux termes des actes du gouvernement égyptien, des 30 novembre 1854 et 5 janvier 1856, portant concession et cahier des charges pour la construction, à travers l'isthme de Suez, d'un canal maritime avec les ports et les canaux d'irrigation et d'alimentation en dépendant,

La Compagnie, en ce qui concerne spécialement le canal d'eau douce dérivé du Nil, a l'obligation, conformément aux articles 1er, 4 et 7 de l'acte du 5 janvier 1856, de creuser ce canal depuis le Caire jusqu'à Timsah, pour la navigation fluviale, avec dérivation, pour irrigation et alimentation, de Timsah à Port-Saïd et de Timsah à Suez, et d'entretenir lesdits canaux en bon état.

En outre, la Compagnie a le droit, aux termes des articles 10 et 12 dudit acte, de réclamer du gouvernement égyptien :

1° L'abandon, sans aucun impôt ni redevance,

5.

de tous les terrains n'appartenant pas à des particuliers, qui seront nécessaires à l'établissement de ces
canaux ;

2° La jouissance de tous les terrains incultes,
n'appartenant pas à des particuliers, qui seront
arrosés et mis en culture par ses soins, avec exemp-
tion d'impôt pendant dix ans ; lesdits terrains étant
soumis, après ce terme, aux obligations et aux
impôts auxquels seront soumises, dans les mêmes
circonstances, les terres des autres provinces de
l'Égypte ;

3° La livraison des terrains de propriété particulière dont la possession est nécessaire à l'exécution
des travaux et à l'exploitation des concessions, à la
charge par la Compagnie de payer aux ayants droit
de justes indemnités, fixées au besoin par arbitrage.

Enfin, aux termes des articles 8 et 17 dudit acte
de concession, la Compagnie est autorisée à percevoir des droits de navigation, de remorquage ou de
stationnement, pour le passage dans ces canaux, et
pour toutes les prises d'eau accordées, à la demande
des particuliers riverains, un droit proportionnel à
la quantité d'eau absorbée et à l'étendue des terrains
arrosés, suivant un tarif fixé par la Compagnie.

M. Ferdinand de Lesseps, président-fondateur de
la Compagnie concessionnaire, ayant représenté à
Son Altesse que la prise d'eau provisoire établie sur
le canal de Zagazig allait devenir insuffisante pour

la sécurité de l'alimentation du canal d'eau douce jusqu'à Suez, et que la Compagnie était dans la nécessité de pourvoir, à ce sujet, aux besoins de la concession, en exécutant dans les conditions rappelées ci-dessus la partie de son canal dérivé du Nil, depuis le fleuve jusqu'au Ouady-Toumilat, avec une prise d'eau spéciale, directe et permanente, au Caire ou près du Caire,

Il a été reconnu par Son Altesse et par M. de Lesseps que les moyens de construction de cette partie du canal, par les soins et au compte de la Compagnie, notamment en ce qui concerne l'expropriation et la prise de possession des terrains appartenant à des particuliers, donneraient lieu à des questions d'administration intérieure fort complexes et fort graves, et dont il est désirable pour le gouvernement égyptien de se réserver la libre solution, suivant les lois et les coutumes du pays.

En conséquence de cet exposé, et pour éviter, dans l'exercice des droits et intérêts de la Compagnie, toute difficulté, et en même temps pour respecter les convenances du gouvernement égyptien, il a été convenu et stipulé ce qui suit :

Entre S. Exc. Nubar-Bey, agissant au nom du gouvernement égyptien, en vertu des pouvoirs qui lui sont conférés par Son Altesse le vice-roi, suivant ordre de Son Altesse en date du 16 du présent mois,

D'une part ;

Et M. Ferdinand de Lesseps, président-fondateur de la Compagnie universelle du canal maritime de Suez, agissant en vertu des pouvoirs spéciaux dont il est investi au nom de ladite Compagnie,

D'autre part:

CONVENTION.

ART. 1er. — La Compagnie renonce au droit qui résulte pour elle des actes de sa concession, à l'effet d'établir par elle-même au Caire la prise d'eau de son canal dérivé du Nil, et de prendre possession des terrains nécessaires à la construction de ce canal depuis le Caire jusqu'à sa jonction au point qui sera déterminé par les ingénieurs de la Compagnie dans le Ouady avec le canal du Ouady, déjà ouvert à la navigation.

En outre, la Compagnie s'engage à donner à la dérivation actuellement en construction, depuis Nefiche jusqu'à Suez, des dimensions suffisantes pour que cette dérivation ne soit pas seulement propre à l'irrigation et à l'alimentation, comme il est stipulé au cahier des charges, mais pour qu'elle soit, en même temps, propre à la navigation fluviale.

ART. 2. — Comme compensation des dérogations consenties par la Compagnie aux droits de son acte de concession stipulées à l'article ci-dessus, le gouvernement égyptien s'oblige et s'engage à établir la jonction au Nil du canal d'eau douce de la Compagnie, avec prise d'eau directe, spéciale et permanente, au Caire, et raccordement au canal du Ouady; le tout, dans les conditions stipulées dans l'acte de concession du 5 janvier 1856, et notamment sous les conditions ci-après :

1° Le canal sera construit, et les prises d'eau du Caire établies, suivant le programme de la commission internationale, dans les dimensions, d'après les tracés et sur les plans qui seront arrêtés par le directeur général des travaux de la Compagnie, et approuvés par le gouvernement de Son Altesse.

2° L'exécution des travaux sera suivie et contrôlée par les ingénieurs de la Compagnie, qui seront appelés à constater la bonne construction de tous les ouvrages.

3° Les travaux devront être commencés dès que la remise des plans aura été faite par la Compagnie aux services de Son Altesse le vice-roi. — Ils seront conduits de manière à être achevés autant que possible dans une seule campagne, c'est-à-dire dans des conditions telles, que l'alimentation du canal de la Compagnie, à partir du Ouady, soit assurée d'une manière complète et permanente avant le mois de mars 1864.

4° Le canal de jonction du Nil au canal du Ouady, construit par le gouvernement égyptien au lieu et place de la Compagnie du canal de Suez, sera soumis à toutes les servitudes qui devaient être attachées à ce canal s'il eût été construit par la Compagnie elle-même, c'est-à-dire qu'il sera constamment entretenu en bon état, de manière à fournir la quantité d'eau nécessaire en toute saison, les irrégularités du Nil étant prises en considération, et que sa prise d'eau sera principalement et spécialement affectée à l'alimentation des canaux de la Compagnie.

ART. 3. — Le gouvernement égyptien, propriétaire de la prise d'eau au Nil et du parcours du canal d'eau douce d'alimentation, longeant les terres cultivées de l'Égypte jusqu'au Ouady, s'engage à ne pas percevoir, spécialement à ce canal, de droit de navigation sur les bâtiments et barques qui se rendront dans les canaux fluviaux du Ouady jusqu'à Suez, ou qui en reviendront.

ART. 4. — A défaut, par l'une ou l'autre des parties contractantes, d'exécuter les clauses et conditions qui précèdent, sauf les cas de force majeure, une commission de quatre membres, dont deux désignés par chacune des parties, et qui auront à nommer un président (cinquième membre), statuera s'il y a des dommages, et fixera, dans ce cas, la somme d'indemnité à payer, ou déterminera les mesures à prendre d'urgence.

Fait double au Caire, le 18 mars 1863.

Signé : N. NUBAR.

FERD. DE LESSEPS.

N° 8.

DEUXIÈME CONVENTION FINANCIÈRE DU 20 MARS 1863

POUR LE RÈGLEMENT DU SOLDE DES VERSEMENTS
EXIGIBLES SUR LES ACTIONS SOUSCRITES PAR LE TRÉSOR ÉGYPTIEN.

En exécution des engagements contractés par le gouvernement égyptien, il a été convenu entre Son Altesse le vice-roi et la Compagnie universelle du canal maritime de Suez, de liquider de la manière suivante la participation du gouvernement égyptien dans la souscription du capital de la Compagnie.

EXPOSÉ.

Le compte des souscriptions du gouvernement égyptien au capital de la Compagnie du canal de Suez, réglé au 1er janvier dernier, s'établit de la manière suivante,

Savoir :

Le gouvernement égyptien est souscripteur de *cent soixante dix-sept mille six cent quarante-deux actions.*

Les 300 francs par action, appelés jusqu'à ce jour, constituent, pour ce nombre d'actions, un débit total de. . . . . 53,292,600 »

d'où il y a lieu de déduire :

1° Le montant des avances faites par le Trésor égyptien pour études, travaux préparatoires, achats de matériel et toutes dépenses antérieures à la formation de la Société, suivant compte arrêté au 1ᵉʳ janvier 1860 . . . . 2,516,157 12

2° Les intérêts à 5 0 0 de ladite somme du 1ᵉʳ janvier 1860 au 1ᵉʳ janvier 1863 pour les coupons semestriels acquis aux versements que cette somme représente à titre d'à-compte sur le premier appel de fonds de 100 fr. fait à l'époque de la souscription, soit trois ans. . . 377,423 55

3° Le montant en capital des obligations déjà remises à la Compagnie

(valeur du 1ᵉʳ jan-
vier 1860) pour
solde du premier
appel de fonds de
100 fr. par action,
ci. 15,248,042 10   18,141,622 77

Reste au débit du gouvernement
égyptien, à la date du 1ᵉʳ janvier
1860 (les intérêts dus pour ce capital étant compensés par les coupons
semestriels des actions qu'ils représentent), la somme nette, sauf erreur
ou omission, de. 35,150,977 23

Considérant qu'il y a lieu de satisfaire à deux
intérêts : Le premier, de libérer le gouvernement
égyptien envers la Compagnie, suivant les ressources
et la convenance de son Trésor, en le plaçant dans
une position égale à celle de tous les autres actionnaires, de telle sorte qu'il puisse avoir la libre disposition de ses titres ;

Le second, de mettre la Compagnie à même de
réaliser son capital suivant ses besoins,

Il a été convenu et stipulé

Entre S. Exc. Nubar-Bey, agissant au nom du
gouvernement égyptien, en vertu des pouvoirs qui
lui ont été conférés par ordre de Son Altesse, en
date de ce jour,

D'une part ;

Et M. Ferdinand de Lesseps, président-fondateur de la Compagnie universelle du canal maritime de Suez, agissant en vertu des pouvoirs spéciaux dont il est investi au nom de ladite Compagnie,

D'autre part :

CONVENTION.

ART. 1er. — La Compagnie conserve, avec la faculté d'en opérer la coupure et d'en faire la négociation à sa convenance, la libre disposition des obligations du Trésor égyptien qui lui ont déjà été remises, conformément à la convention du 6 août 1860.

ART. 2. — Pour effectuer le solde des deuxième et troisième versements de 100 francs, exigibles sur les 177,642 actions dont il est souscripteur, et qui s'élèvent, suivant le compte établi ci-dessus, au 1er janvier 1863, au capital de 35,150,977 fr. 23 c., le gouvernement égyptien s'engage à payer à la Compagnie, à dater du 1er janvier 1864, et de mois en mois, jusqu'à complète libération, la somme de 1,500,000 fr. (quinze cent mille francs) par mois.

Il est bien entendu que, conformément aux conventions antérieures, les sommes payées par le Trésor égyptien seront, au fur et à mesure de leur encaissement par la Compagnie, passées au crédit du compte des souscriptions ouvert à Son Altesse, et porteront les intérêts à 5 0/0 l'an acquis aux coupons semestriels dus sur les actions; les intérêts dus réciproquement pour le surplus étant compensés.

Art. 3. — Le gouvernement égyptien se réserve la faculté, lorsque les convenances de son Trésor le réclameront, de remettre à la Compagnie le montant des payements mensuels stipulés ci-dessus en bons du Trésor négociables et sous les conditions ci-après :

1° Les frais d'escompte et de négociation seront au compte du gouvernement égyptien, de telle sorte que la Compagnie touche toujours intégralement et en espèces le montant des payements auxquels elle a droit.

2° Les bons seront remis à la Compagnie, aux mains de l'administrateur agent supérieur en Égypte, un mois au moins avant la date du payement qu'ils auront pour objet de représenter, à défaut de quoi, le payement sera exigible par la Compagnie à sa date et en espèces.

Art. 4. — Pour les deux autres cinquièmes, le gouvernement égyptien se réserve le droit, lorsque la Compagnie en fera l'appel à ses actionnaires, de prendre, d'accord avec elle, tels arrangements qui conviendront à l'état de son Trésor.

Fait double au Caire, le 20 mars 1863.

Signé : N. Nubar.
Ferd. de Lesseps.

N° 9.

SENTENCE ARBITRALE.

NAPOLÉON, par la grâce de Dieu et la volonté nationale, Empereur des Français,

A tous ceux qui ces présentes lettres verront, salut ;

Vu le compromis signé le vingt et un avril 1864 par :

S. EXC. NUBAR-PACHA, mandataire spécial de Son Altesse le VICE-ROI d'Égypte,

Et M. FERDINAND DE LESSEPS, au nom et comme président-fondateur de la Compagnie universelle du canal maritime de Suez,

Dont l'article 2 est ainsi conçu :

Sa Majesté est suppliée de prononcer sur les questions ainsi formulées :

1° La suppression de la corvée étant acceptée en principe, quelle est la nature et la valeur du règlement du 20 juillet 1856, sur l'emploi des ouvriers indigènes ?

2° Quelle serait l'indemnité à laquelle l'annulation de ce règlement peut donner lieu ? Le fondé de pouvoirs du Vice-Roi se déclarant autorisé à promettre que la clause stipulée en l'article 2 du second acte de concession et cahier des charges du 5 janvier 1856 sera rapportée.

3° La portion du canal d'eau douce non rétrocédée au Vice-Roi par la convention du 18 mars 1863. doit-elle continuer d'appartenir à la Compagnie pendant la durée déterminée par l'acte de concession comme une annexe indispensable du canal maritime? Dans le cas contraire, quelles sont les conditions auxquelles la rétrocession pourrait en être opérée, et que les parties s'engagent dès à présent à accepter?

4° Les cartes et plans qui, aux termes de l'article 8 de l'acte de concession du 30 novembre 1854, et de l'article 11 de celui du 5 janvier 1856, devaient être dressés ne l'ayant pas été, quelle est l'étendue des terrains nécessaires à la construction et à l'exploitation du canal maritime (et du canal d'eau douce, s'il est conservé à la Compagnie) dans les conditions propres à assurer la prospérité de l'entreprise?

5° Quelle est l'indemnité due à la Compagnie, à raison de la rétrocession acceptée en principe des terrains dont il est fait mention dans les articles 7 et 8 de l'acte de concession de 1854 et dans les articles 10, 11 et 12 de celui de 1856?

Vu le rapport de la Commission instituée par notre décision, en date du 3 mars 1864;

Considérant sur la première question, que, pour

apprécier la pensée qui a présidé au règlement du 20 juillet 1856, et le caractère de cet acte, il convient de rapprocher les dispositions qu'il renferme de celles qui sont contenues dans les deux firmans de concession, en date des 30 novembre 1854 et 5 janvier 1856;

Que celles-ci, après avoir autorisé la constitution de la Compagnie, indiquent le but pour lequel elle doit être établie, déterminent les charges et les obligations qui lui sont imposées et lui assurent les avantages dont elle doit jouir;

Que ces stipulations ont créé pour la Compagnie et pour le Gouvernement du Vice-Roi des engagements réciproques, de l'exécution desquels il ne leur a pas été permis de s'affranchir;

Que, notamment l'article 2 du deuxième firman, en laissant à la Compagnie la faculté d'exécuter les travaux dont elle est chargée, par elle-même ou par des entrepreneurs, exige que les quatre cinquièmes au moins des ouvriers employés à ces travaux soient égyptiens;

Qu'au moment où cette condition a été imposée par le Vice-Roi, et acceptée par la Compagnie, il a nécessairement été entendu, par l'un et par l'autre, que les ouvriers égyptiens nécessaires pour composer les quatre cinquièmes de ceux qui seraient employés aux travaux seraient mis, par le Vice-Roi, à la disposition de la Compagnie;

Que celle-ci n'aurait pas consenti à se soumettre à une semblable condition si, de son côté, le Vice-Roi ne lui avait pas assuré les moyens de l'accomplir ;

Que cette pensée, sous-entendue dans le second firman de concession, a été formellement exprimée dans l'article 1er du règlement du 20 juillet 1856, portant :

Les ouvriers qui seront employés aux travaux de la Compagnie SERONT FOURNIS *par le Gouvernement égyptien, d'après les demandes des ingénieurs en chef et suivant les besoins ;*

Que cet article a par lui-même un sens très-clair, que d'ailleurs, lorsqu'on le rapproche des stipulations des deux firmans, on aperçoit le lien étroit qui les unit, et l'on reconnaît que la disposition du règlement n'est que le corollaire de celles qui l'ont précédée ; qu'elle a le même caractère, la même force obligatoire ;

Que toutes les autres parties du règlement sont en harmonie parfaite avec l'article 1er, et confirment l'interprétation qui vient de lui être donnée ;

Qu'en effet, immédiatement après la promesse du Gouvernement égyptien de fournir les ouvriers, l'acte constate l'engagement corrélatif de la Compagnie de leur payer le prix de leur travail, de leur fournir les vivres nécessaires, de leur procurer des habitations convenables, d'entretenir un hôpital et

des ambulances, de traiter les malades à ses frais,
de payer également les frais de voyage, depuis le
lieu du départ jusqu'à l'arrivée sur les chantiers;
enfin, de rembourser au Gouvernement égyptien,
au prix de revient, les couffes nécessaires pour le
transport des terres et la poudre pour l'exploitation
des carrières que celui-ci devait fournir;

Que ces diverses obligations détaillées avec soin
dans le règlement n'étaient, pour la Compagnie,
que la contre-partie de celles qu'avait prises le gouvernement égyptien, qu'ainsi elles présentaient dans
leur ensemble les éléments d'un véritable contrat;

Que l'intitulé de l'acte n'est point incompatible
avec le caractère conventionnel qui lui est attribué
par la nature des stipulations qu'il renferme;

Qu'à la vérité, c'est du Vice-Roi seul que le
règlement est émané, mais que les deux firmans de
concession ont été faits dans la même forme, et que
cependant leur caractère contractuel n'a pas été et
ne saurait être sérieusement contesté;

Qu'enfin le Vice-Roi dit expressément dans le
préambule de l'acte, que c'est de CONCERT avec
M. de Lesseps qu'il en a établi les dispositions; que
cette expression n'indique pas seulement qu'un avis
a été demandé au directeur de la Compagnie; qu'il
exprime que le CONCOURS DE SA VOLONTÉ a paru
nécessaire et a été obtenu; qu'il est bien évident que,
sans ce concours, il eût été impossible d'assujettir la

Compagnie aux obligations multipliées qui lui ont
été imposées et qu'elle a ensuite exécutées;

Que, de ce qui précède, il résulte que le règlement du 20 juillet 1856, notamment dans la disposition de l'article 1er, a les caractères et l'autorité
d'un contrat;

Considérant, sur la seconde question, que lorsque
des conventions ont été librement formées par le
consentement de parties capables et éclairées, elles
doivent être fidèlement exécutées; que celle des parties contractantes qui refuse ou néglige d'accomplir ses engagements, est tenue de réparer le dom-
mage qui résulte de son infraction à la loi qu'elle
s'est volontairement imposée; qu'en général, et sauf
à tenir compte des circonstances et des motifs de
l'infraction. la réparation consiste dans une indemnité représentant la perte qu'éprouve l'autre partie,
et le bénéfice dont elle est privée;

Que, sans méconnaître la force et la vérité de ces
principes, on a fait remarquer, au nom du Gouvernement égyptien, que par une réserve expresse in-
sérée à la fin de chacun des firmans de concession.
le commencement des travaux, c'est-à-dire l'exécution des conventions, était subordonné à l'autorisation de la Sublime Porte, qu'en fait, cette autorisation n'ayant jamais été accordée, l'inexécution
des conventions ne peut être légitimement repro-
chée au Vice-Roi d'Égypte, et ne saurait justifier

une demande en dommages-intérêts dirigée contre lui ;

Qu'il est incontestable que la clause suspensive de l'exécution de la convention aurait dû produire l'effet qui a été indiqué au nom du Vice-Roi si les choses étaient restées entières; mais que les faits accomplis depuis la date des firmans, et auxquels le Vice-Roi a concouru, au moins avec autant d'activité et de détermination que la Compagnie, ont profondément modifié les situations respectives;

Que la Compagnie s'est engagée dans l'exécution des travaux non-seulement avec l'assentiment du Vice-Roi, mais même en obéissant à l'impulsion qu'elle a reçue de lui;

Qu'il serait souverainement injuste que les conséquences fâcheuses d'une résolution prise et suivie de concert fussent entièrement laissées à la charge de l'un des intéressés;

Que d'ailleurs les stipulations qui ont réglé les rapports du Gouvernement égyptien et de la Compagnie, considérées dans leur ensemble, constituent la concession d'un grand travail d'utilité publique, en vue duquel ont été accordés des avantages formant une subvention sans laquelle l'entreprise n'aurait pas eu lieu;

Que, lorsque, par suite d'un événement que les deux parties contractantes ont dû prévoir, et dont elles ont, d'un commun accord, consenti à courir

les chances, le Gouvernement se trouve hors d'état
de procurer à la Compagnie les avantages qu'il lui
avait assurés, et que celle-ci continue néanmoins
les importants travaux dont le pays tout entier doit
profiter, il est juste que des indemnités représenta-
tives des avantages inhérents à la concession soient
allouées par le Gouvernement égyptien à la Compagnie;

Que ces bases étant posées, pour parvenir à déterminer le montant de l'indemnité due en raison
de la substitution des machines ou des ouvriers
européens aux ouvriers égyptiens, il faut comparer
la somme à laquelle se seraient élevées les dépenses
des travaux s'ils avaient été exécutés par les ouvriers
égyptiens, aux conditions énoncées dans le règlement du 20 juillet 1856, et la somme que coûte-
ront les travaux qui devront être exécutés par les
moyens que la Compagnie est désormais obligée
d'employer;

Que le cube des terrains à extraire peut être déterminé très-approximativement d'après la configuration des lieux, telle qu'elle est établie par les
plans et d'après les dimensions qui ont été assignées
au canal;

Que, déduction faite des travaux qui sont déjà
exécutés, il reste 23,700,000 mètres cubes à extraire
à sec, et 32,000,000 de mètres cubes à draguer;

Que, d'un autre côté, le changement des moyens

d'exécution aura pour résultat d'augmenter le prix
du mètre à sec de 1 fr. 19 et celui du mètre cube à
draguer de 0 fr. 15;

Qu'en multipliant 23,700,000^m par 1 fr. 19 c.
et 32,000,000 par 0 fr. 15 c., on trouve que l'ac-
croissement de la dépense, pour les travaux à sec,
sera de. . . . .   28.200.000 »
et pour les terrains à draguer, de   4.800.000 »

Ensemble. . . . .   33,000,000 »

Que des calculs analogues, appliqués aux travaux d'art, démontrent que la Compagnie sera
obligée de supporter de ce chef un surcroît de dépenses s'élevant à 5,000,000 fr.;

Que c'est donc à une somme totale de
38.000.000 fr. que doit s'élever cette partie
de l'indemnité;

Que, dans le cours des débats, on a fait remarquer avec raison que la Compagnie n'était pas autorisée à prétendre que les salaires et le prix des
denrées n'éprouveraient aucune augmentation pendant la durée des travaux, ou que du moins,
d'après les termes du règlement, elle n'aurait pas à
supporter les conséquences de la hausse qui pourrait
survenir;

Que, pour justifier une pareille prétention, il
n'eût fallu rien moins qu'une stipulation formelle,
et que le règlement ne la contient pas;

Qu'en tenant compte de l'augmentation qui a déjà eu lieu, et en appréciant les éventualités de l'avenir, le prix de la journée qui, en moyenne, était, aux termes du règlement, de 0 fr. 86 c., doit être évalué à 1 fr. 05 c.;

Mais que cette élévation du prix de la journée a été l'un des éléments des calculs qui ont fait adopter le chiffre de 38,000,000 fr.; qu'ainsi cette fixation ne doit pas être modifiée;

Qu'en second lieu, au nom du Gouvernement égyptien, il a été allégué que, depuis le commencement des travaux, les salaires qui ont été payés aux ouvriers et les rations qui leur ont été fournies ne l'ont pas toujours été au taux déterminé par le règlement, et l'on a soutenu que la Compagnie doit imputer sur l'indemnité les sommes dont elle a pu profiter par l'effet de cette inexécution partielle de sa convention, alors même qu'elle aurait été, comme tout porte à le penser, le résultat d'une erreur;

Que cette réclamation est bien fondée; que la Compagnie ne peut demander, à titre d'indemnité, que ce qui sera effectivement déboursé par elle en excédant des prévisions qu'autorisait le règlement du 20 juillet 1856; qu'en exigeant la réparation des pertes que peut lui causer l'inexécution du contrat de la part du Vice-Roi, elle doit tenir compte des avantages qui ont pu résulter pour elle des infractions qui lui sont personnelles;

Qu'une somme de 4,500,000 fr. a été réellement payée en moins sur les salaires ou sur la fourniture des rations; qu'elle doit être défalquée du montant de l'indemnité, qui se trouverait ainsi réduite à 33.500,000 fr.;

Mais qu'une réclamation a été formée par la Compagnie; qu'elle a demandé qu'une somme de 9,000,000 fr. lui fût allouée pour les intérêts d'une année des capitaux engagés dans l'opération, temps durant lequel ces travaux seront prolongés;

Que cette demande devrait être accueillie en entier, si la prolongation de la durée des travaux pouvait être imputée au Gouvernement égyptien; mais qu'en réalité, les conditions imposées par la Sublime Porte sont un fait indépendant de la volonté du Vice-Roi; que c'est par un événement de force majeure que les travaux auront une durée plus longue que celle qui leur avait été assignée; que dès lors, soit en raison même de la nature de l'événement, soit en raison des rapports qui continuent à subsister entre le Vice-Roi et la Compagnie, il est équitable qu'ils supportent par moitié la somme de 9,000,000, c'est-à-dire 4,500,000 fr. chacun;

Que cette somme de. . . . . . 4,500,000 »
ajoutée à celle de. . . . . 33,500.000 »

porte l'indemnité, pour l'objet spécial qui vient d'être examiné, à 38,000.000 »

Considérant, sur la troisième question, que les firmans du 30 novembre 1854 et 5 janvier 1856, en faisant à la Compagnie la concession du canal d'eau douce, lui assuraient des avantages et lui donnaient des garanties qui ont dû être considérées par elle comme essentielles pour le succès de son entreprise;

Que, dans l'origine et aux termes des firmans, le canal d'eau douce devait prendre naissance à proximité de la ville du Caire, joindre le Nil au canal maritime et s'étendre par des branches d'alimentation, d'irrigation et même de navigation dans les deux directions de Péluse et de Suez; mais que, par une convention, en date du 18 mars 1863, les conditions de la concession ont été gravement modifiées; que, notamment, la Compagnie a renoncé au droit qui lui avait été conféré d'exécuter par elle-même la portion du canal entre le Caire et le canal du Ouady déjà ouvert à la navigation;

Que, d'ailleurs, la Sublime Porte a prétendu que la rétrocession du canal d'eau douce était la conséquence nécessaire de la rétrocession des terrains;

Que, dans cette situation, il convient, tout en reconnaissant les droits des parties, de chercher à concilier leurs intérêts;

Que la concession du canal d'eau douce, au moment où elle a été faite, offrait à la Compagnie un triple avantage : elle lui assurait la libre disposition de l'eau nécessaire à la mise en mouvement des machines employées au creusement du canal maritime et à l'alimentation des ouvriers ; elle devait lui fournir le moyen d'arroser les terres qui lui étaient concédées ; et, enfin, elle devait lui procurer les bénéfices résultant des droits à établir sur la navigation et d'autres taxes de même nature ;

Que le maintien de la concession, dans toute son étendue et avec toutes ses conséquences, ne pourrait être utilement accordé à la Compagnie qu'autant que la Sublime Porte consentirait à donner son approbation ;

Que ce qui, dans la situation où est placée aujourd'hui la Compagnie, a pour elle un intérêt capital, c'est que le canal soit terminé promptement et dans des conditions telles qu'il fournisse toujours toute l'eau nécessaire à l'exécution des travaux et à l'alimentation des ouvriers ;

Que, pour atteindre ce but, il n'est pas absolument indispensable que la concession soit maintenue dans les termes et pour la durée qui avaient été fixés par les firmans ; qu'il suffit de confier à la Compagnie l'achèvement du canal et de lui en laisser la jouissance et l'entretien ;

Que, dans ce nouvel état de choses, les travaux que la Compagnie a déjà faits et ceux qu'elle aura encore à exécuter pour l'achèvement du canal, seront à la charge du Gouvernement égyptien ;

Que, par conséquent, celui-ci devra rembourser le prix des uns et des autres, en outre de payer les frais d'entretien ;

Que, satisfaction étant ainsi donnée à ce premier intérêt, il ne restera plus qu'à régler les indemnités qui peuvent être dues en raison de la privation des autres avantages que la concession devait produire pour la Compagnie ;

Qu'avant de s'occuper de cette fixation, il convient de déterminer les sommes dont la Compagnie est dès aujourd'hui créancière pour les travaux faits, et celles qu'elle aura à réclamer ultérieurement pour les travaux qui restent à faire ;

Qu'il résulte des documents produits par les parties et des explications qu'elles ont données contradictoirement, que la dépense des ouvrages déjà exécutés s'élève à 7,500,000 fr. ;

Que, dans cette somme, est comprise celle de 3,750,000 fr. représentant : 1° la portion des frais généraux de l'entreprise qui doit être supportée par les travaux du canal d'eau douce, et 2° l'intérêt des capitaux engagés dans l'opération pendant le temps durant lequel les travaux seront prolongés ;

Que ces deux causes réunies justifient la demande formée par la Compagnie de la somme sus-énoncée de 3,750,000 fr. ;

Que, pour les travaux qui ne sont pas terminés, la dépense s'élèvera à la somme de 2,500,000 fr., qui, réunie à celle de 7.500.000 fr., donnera un total de dix millions;

Que les droits de navigation et les péages de différente nature, dont la jouissance était assurée à la Compagnie par les firmans de concession, et dont elle se trouvera dépouillée, doivent être évalués, afin que l'indemnité due de ce chef soit également allouée;

Que, déduction faite des frais d'entretien, charge naturelle de la jouissance du canal, la valeur de cette jouissance doit être fixée à 6,000,000 fr.

Considérant, sur la quatrième question, que la Compagnie en cessant d'être concessionnaire du canal d'eau douce doit, ainsi qu'il vient d'être dit, rester chargée de son achèvement et de son entretien; qu'en conséquence, il est nécessaire de déterminer pour le canal d'eau douce, comme pour le canal maritime, l'étendue de terrain qu'exigent l'établissement et l'exploitation; que les termes mêmes du compromis indiquent clairement dans quel esprit doit être examinée cette question;

Qu'il y est dit, en effet, que *l'étendue des terrains devra être fixée* DANS DES CONDITIONS PROPRES A ASSURER LA PROSPÉRITÉ DE L'ENTREPRISE;

Qu'elle ne doit pas être restreinte à l'espace qui sera matériellement occupé par les canaux mêmes, par leurs francs-bords et par les chemins de halage;

Que, pour donner aux besoins de l'exploitation

une entière et complète satisfaction, il faut que la Compagnie puisse établir, à proximité des canaux, des dépôts, des magasins, des ateliers, des ports dans les lieux où leur utilité sera reconnue, et, enfin, des habitations convenables pour les gardiens, les surveillants, les ouvriers chargés des travaux d'entretien et pour tous les préposés à l'administration ;

Qu'il est, en outre, convenable d'accorder comme accessoires des habitations, des terrains qui puissent être cultivés en jardins et fournir des approvisionnements dans des lieux privés de toutes ressources de ce genre ;

Qu'enfin il est indispensable que la Compagnie puisse disposer de terrains suffisants pour y faire les plantations et les travaux destinés à protéger les canaux contre l'invasion des sables et à assurer leur conservation ;

Mais qu'il ne doit rien être alloué au delà de ce qui est nécessaire pour pourvoir amplement aux divers services qui viennent d'être indiqués ; que la Compagnie ne peut avoir la prétention d'obtenir, dans des vues de spéculation, une étendue quelconque de terrains soit pour les livrer à la culture, soit pour y élever des constructions, soit pour les céder lorsque la population aura augmenté ;

Que c'est en se renfermant dans ces limites qu'a dû être déterminé, sur tout le parcours des canaux, le périmètre des terrains dont la jouissance, pendant la durée de la concession, est nécessaire à leur établissement, à leur exploitation et à leur conservation.

Considérant, sur la cinquième question, que la rétrocession des terrains concédés à la Compagnie n'a pu être consentie qu'avec l'intention réciproque d'obtenir et d'accorder une indemnité;

Que la Compagnie n'a dû renoncer aux avantages de la concession qu'en comptant sur la compensation de ces avantages, et que le Gouvernement égyptien n'a pu avoir la pensée de profiter de la valeur qu'auront les terrains, lorsqu'ils seront fécondés par l'irrigation, sans en donner l'équivalent;

Qu'il ne faut pas perdre de vue que la concession des terrains était une des conditions essentielles de l'entreprise, une partie importante de la rémunération des travaux;

Que, par conséquent, la Compagnie, en y renonçant, a droit d'en exiger la représentation;

Que, soit que l'on consulte les termes des firmans, soit que l'on s'attache aux diverses publications qui ont été faites pendant le cours des travaux, on est conduit à reconnaître que le Gouvernement égyptien n'a point entendu concéder, et que la Compagnie n'a pas eu la pensée d'acquérir une étendue illimitée de terrains;

Que la commune intention, clairement mani-
festée, a été de borner l'étendue de la concession
aux terrains à l'irrigation desquels pourrait pourvoir l'eau prise dans le canal d'eau douce;

Qu'il est dès lors facile d'en fixer, avec certi-
tude, le périmètre;

Qu'en effet, d'une part, on connaît le volume
d'eau que le canal peut, en raison de ses dimensions et les besoins de la navigation satisfaits, fournir
pour l'irrigation des terres;

Que, d'autre part, on sait la quantité d'eau qui
est nécessaire pour l'irrigation de chaque hectare;

Que, d'après ces données, la concession doit
comprendre 63,000 hectares, sur lesquels doivent
être déduits 3,000 hectares qui font partie des emplacements affectés aux besoins de l'exploitation du
canal maritime;

Que cette fixation est en harmonie avec celle qui
avait été arrêtée entre les représentants de la Compagnie et ceux du Vice-Roi, dans les cartes cadas-
trales dressées en exécution de l'article 8 du firman
du 30 novembre 1854 et de l'article 11 du firman
du 5 janvier 1856; que si ces cartes ont plus tard,
en 1858, été anéanties d'un commun accord, la
difficulté qui a déterminé à les annuler ne portait
point sur l'étendue des terrains qui devaient être
compris dans la concession comme susceptibles
d'être arrosés;

Que l'estimation des soixante mille hectares qui sont, en définitive, rétrocédés au Gouvernement égyptien, présente sans doute de sérieuses difficultés, puisque ce n'est point d'après leur état actuel que les terrains doivent être appréciés; et qu'en recherchant quelle sera leur valeur dans l'avenir, on se trouve en présence de chances fort diverses et de nombreuses éventualités; que, cependant, il y existe certains éléments de calcul auxquels on peut accorder une grande confiance; que, notamment, la quotité de l'impôt des terres cultivées peut servir à déterminer le revenu, lequel, capitalisé comme il doit l'être, eu égard à la situation économique et financière de l'Égypte, indique la valeur vénale de la terre;

Qu'en calculant d'après ces données, le prix de l'hectare doit être fixé à cinq cents francs;

Que si cette évaluation a été contestée, elle n'a point cependant paru aux parties intéressées elles-mêmes s'éloigner beaucoup de la vérité;

Qu'elle n'a d'ailleurs été adoptée qu'après avoir pris en sérieuse considération, d'une part, les sommes qui devront être dépensées pour la mise en valeur des terres et, de l'autre, l'augmentation de prix que doit produire l'exploitation du canal maritime, et, en outre, celle qui peut résulter de l'introduction de nouvelles cultures;

Qu'en résumé, l'indemnité due par le Gouvernement égyptien, par suite de la rétrocession des terrains, s'élève à la somme de trente millions.

Considérant, qu'après avoir apprécié les divers éléments dont doit se composer l'indemnité, il n'est pas possible de les assimiler en ce qui touche les époques d'exigibilité;

Que les uns représentent des sommes déjà dépensées, les autres des avances qui doivent être faites à des époques assez rapprochées, et que certaines allocations qu'il a été juste d'accorder à la Compagnie sont pour elle la compensation d'avantages ou de bénéfices qui ne devaient se réaliser que dans un avenir éloigné et qui étaient subordonnés à l'exécution de travaux dispendieux;

Que, par exemple, dans la première catégorie est comprise la somme de 7,500,000 fr. qui a été dépensée pour la partie du canal d'eau douce qui est déjà exécutée;

Que, dans la dernière, au contraire, doivent évidemment figurer les 30 millions représentant la valeur d'avenir des terrains rétrocédés;

Que c'est en tenant compte de ces différences qu'ont été fixées la quotité et l'échéance des annuités qui, réunies, composent l'indemnité totale de 84 millions mise à la charge du Gouvernement égyptien.

Par ces motifs, nous avons décidé et décidons ce qui suit:

Sur la première question.

Le règlement du 20 juillet 1856 a les caractères d'un contrat; il contient des engagements réciproques qui devaient être exécutés par le Vice-Roi et par la Compagnie.

Sur la seconde question.

L'indemnité à laquelle donne lieu l'annulation du règlement du 20 juillet 1856 est fixée à trente-huit millions de francs (38,000,000 fr.).

Sur la troisième question.

La rétrocession du canal d'eau douce est faite dans les termes et avec les garanties ci-après :

1° La partie du canal comprise entre le Ouady, Timsah et Suez est rétrocédée, comme la première partie, au Gouvernement égyptien; mais la jouissance exclusive en sera laissée à la Compagnie jusqu'à l'entier achèvement du canal maritime, sans qu'il puisse être pratiqué aucune prise d'eau sans le consentement de la Compagnie;

2° Le Gouvernement égyptien maintiendra l'alimentation de ce canal par celui de Zagazig; il exécutera, en outre, les travaux de la partie qui lui a déjà été rétrocédée, conformément à la convention du 18 mars 1863, et mettra cette première section en communication avec la seconde au point de jonction du Ouady, pour assurer en tout temps son alimentation;

3° La Compagnie sera tenue de terminer les travaux restant à faire pour mettre le canal du Ouady à Suez dans toutes les dimensions convenues, et en état de réception;

4° Pendant toute la durée de la concession du canal maritime, la Compagnie sera chargée d'entretenir le canal d'eau douce en parfait état, depuis le Ouady jusqu'à Suez; mais l'entretien sera aux frais du Gouvernement égyptien, qui devra indemniser la Compagnie au moyen d'un abonnement annuel de trois cent mille francs, si mieux il n'aime payer les frais d'entretien sur mémoires; il sera tenu de faire connaître son option à la Compagnie dans l'année qui commencera à courir du jour de la livraison du canal. La Compagnie devra garnir les digues de plantations pour prévenir les éboulements et l'effet de la mobilité des sables;

L'abonnement de 300,000 fr. recevra son application au fur et à mesure de l'avancement des travaux et au prorata de la longueur de chacune des parties achevées; il sera revisé tous les six ans;

5° La hauteur des eaux sera maintenue dans le canal :

Dans les hautes eaux du Nil, à . . . . 2^m 50
À l'étiage moyen, à 2   »
Au plus bas étiage, au minimum de 1   »

7.

6° La Compagnie prélèvera sur le débit du canal soixante-dix mille mètres cubes d'eau (70,000^m) par jour, pour l'alimentation des populations établies sur le parcours des canaux, l'arrosage des jardins, le fonctionnement des machines destinées à l'entretien des canaux et de celles des établissements industriels se rattachant à leur exploitation, l'irrigation des semis et plantations pratiqués sur les dunes et autres terrains non naturellement irrigables compris dans les zones réservées le long des canaux; enfin l'approvisionnement des navires traversant le canal maritime;

La Compagnie aura la servitude de passage sur les terrains que devront traverser les rigoles et conduites d'eau nécessaires au prélèvement des 70,000^m.

7° A partir de l'entier achèvement du canal maritime, la Compagnie n'aura plus sur le canal d'eau douce que la jouissance appartenant aux sujets égyptiens, sans toutefois que jamais les barques et bâtiments puissent être soumis à aucun droit de navigation; l'alimentation d'eau douce, en ligne directe, à Port-Saïd, sera toujours amenée par les moyens que la Compagnie jugera convenable d'employer à ses frais;

8° La Compagnie cesse d'avoir les droits de cession de prises d'eau, de navigation, de pilotage, remorquage, balage, ou stationnement à elles accordés sur le canal d'eau douce par les articles 8 et 17 de l'acte de concession du 5 janvier 1856;

9° En dehors des écluses en construction à Ismaïlia et à Suez, et des trois autres écluses sur la dérivation de Suez, il ne pourra être établi aucun ouvrage fixe ou mobile sur le canal d'eau douce et ses dépendances que d'un commun accord entre le Gouvernement égyptien et la Compagnie;

10° Le Gouvernement égyptien payera à la Compagnie une somme de dix millions de francs (10,000,000), savoir : sept millions cinq cent mille francs (7,500,000) pour les travaux exécutés, la portion des frais généraux et les intérêts des avances, et deux millions cinq cent mille francs (2,500,000) pour les travaux qui restent à exécuter;

11° Le Gouvernement égyptien payera à la Compagnie une somme de six millions de francs (6,000,000) en compensation des droits de navigation et autres redevances dont la Compagnie est privée.

Sur la quatrième question.

Le périmètre des terrains nécessaires à l'établissement, l'exploitation et la conservation du canal d'eau douce et du canal maritime, est fixé à dix mille deux cent soixante-quatre hectares (10,264^h) pour le canal maritime, et à neuf mille six cents hectares (9,600^h) pour le canal d'eau douce, lesquels sont répartis ainsi qu'il suit :

CANAL MARITIME.

	AFRIQUE. h.	ASIE. h.
N° 1. Port-Saïd.	400	»
2. De Port-Saïd à El-Ferdane.	1,152	1,152
3. Raz-el-Eche.	30	30
4. Kantara.	100	100
5. D'El-Ferdane à Timsah.	1,350	270
6. Canal de jonction avec le canal d'eau douce.	200	»
7. Ville d'Ismaïlia.	450	»
8. Port d'Ismaïlia dans le lac Timsah, canal en Asie.	450	120
9. Du lac Timsah aux lacs Amers	850	340
10. Traversée des lacs Amers.	700	700
11. Des lacs Amers aux lagunes de Suez.	1,000	400
12. Traversée des lagunes de Suez.	60	60
13. Chenal du port de Suez.	150	200
TOTAUX.	6,892	3,372

CANAL D'EAU DOUCE.

	NORD. h.	SUD. h.
N° 1. De l'extrémité du canal à construire par le Gouvernement égyptien jusqu'à Raz-el-Ouady.	500	»
2. Du Raz-el-Ouady à l'extrémité du lac Maxamah	200	3,000
3. Du lac Maxamah à Néfiché.	420	2,100
4. De Néfiché à Ismaïlia.	300	»
TOTAUX.	1,420	5,100

SUITE DU CANAL D'EAU DOUCE.

	EST. h.	OUEST. h.
5. De Néfiché aux lacs Amers.	»	2,500
6 et 7. Contours des lacs Amers	300	200
8. Gare de Suez.	30	50
TOTAUX.	330	2,750

Sur la cinquième question.

L'indemnité due à la Compagnie à raison de la rétrocession des terrains est fixée à trente millions de francs (30,000,000).

RÉSUMÉ.

L'indemnité totale due à la Compagnie et s'élevant à la somme de quatre-vingt-quatre millions de francs (84,000,000) lui sera payée par le Gouvernement égyptien par annuités, ainsi qu'il suit :

La première somme allouée de trente-huit millions sera payée en six annuités divisibles par semestres. Les huit premiers semestres seront de trois millions deux cent cinquante mille francs chacun, et les quatre derniers de trois millions chacun. Le premier semestre sera exigible le premier novembre mil huit cent soixante-quatre, et les payements continueront, de semestre en semestre, jusqu'à l'entière libération de la somme de trente-huit millions.

La somme de trente millions allouée pour l'indemnité des terrains rétrocédés sera divisée en dix annuités de trois millions chacune. La première annuité sera exigible seulement après l'entière libération de la somme de trente-huit millions ci-dessus.

c'est-à-dire le premier novembre mil huit cent soixante-dix, et les payements continueront, d'année en année, jusqu'à l'entière libération de la somme de trente millions.

La somme de six millions, allouée pour l'indemnité des droits sur le canal d'eau douce, sera divisée en dix annuités de six cent mille francs chacune, payables aux mêmes échéances que les annuités ci-dessus fixées pour l'indemnité des trente millions.

Enfin, la somme de dix millions, allouée pour les travaux exécutés et à exécuter au canal d'eau douce, sera payée dans l'année de la livraison dudit canal.

Le tout conformément au tableau ci-après :

	INDEMNITÉS.				TOTAL
	38 MILLIONS.	30 MILLIONS.	6 MILLIONS.	40 MILLIONS.	84 MILLIONS.
	Indemnité pour la substitution des machines et des ouvriers européens aux ouvriers égyptiens.	Indemnité pour rétrocession des terrains.	Indemnité pour les droits à percevoir sur le canal d'eau douce.	Remboursement des sommes dépensées pour les travaux faits ou à faire au canal d'eau douce.	ÉCHÉANCES.
	fr. c.	fr. c.	fr. c.	fr. c.	
1re année.	6,500,000 »	»	»	»	1er novembre 1864. / 1er mai 1865.
2e »	6,500,000 »	»	»	»	1er novembre 1865. / 1er mai 1866.
3e »	6,500,000 »	»	»	»	1er novembre 1866. / 1er mai 1867.
4e »	6,500,000 »	»	»	»	1er novembre 1867 / 1er mai 1868.
5e »	6,000,000 »	»	»	»	1er novembre 1868. / 1er mai 1869.
6e »	6,000,000 »	»	»	»	1er novembre 1869. / 1er mai 1870.
7e »	»	3,000,000 »	600,000 »	»	1er novembre 1870.
8e »	»	3,000,000 »	600,000 »	»	1er novembre 1871.
9e »	»	3,000,000 »	600,000 »	»	1er novembre 1872
10e »	»	3,000,000 »	600,000 »	»	1er novembre 1873.
11e »	»	3,000,000 »	600,000 »	»	1er novembre 1874.
12e »	»	3,000,000 »	600,000 »	»	1er novembre 1875.
13e »	»	3,000,000 »	600,000 »	»	1er novembre 1876.
14e »	»	3,000,000 »	600,000 »	»	1er novembre 1877.
15e »	»	3,000,000 »	600,000 »	»	1er novembre 1878.
16e »	»	3,000,000 »	600,000 »	»	1er novembre 1879.
	38,000,000 »	30,000,000 »	6,000,000 »		
À ajouter.	»	»	»	10,000,000 »	dans l'année de la livraison du Canal.

TOTAL GÉNÉRAL . . . . . . 84,000,000 »

Fait à Fontainebleau, le six juillet mil huit cent soixante-quatre.

Signé : NAPOLÉON.

Certifié conforme à l'original déposé aux archives du ministère des affaires étrangères.

Le ministre des affaires étrangères,

Signé : DROUYN DE LHUYS.

N° 10.

ASSEMBLÉE GÉNÉRALE DES ACTIONNAIRES

DU 6 AOUT 1864.

RÉSOLUTION.

L'Assemblée :

Conformément aux propositions développées dans sa réunion du 15 juillet 1863, approuve la modification de l'article 46 des statuts, qui fixe la réunion ordinaire de l'assemblée générale des actionnaires du 1er au 15 mai de chaque année, en ce sens que cette réunion pourra avoir lieu, sur la convocation du conseil. du 1er mai au 1er août.

Adoptée à l'unanimité.

N° 11.

CONVENTION DU 30 JANVIER 1866.

Entre S. Exc. Nubar-Pacha, ministre des affaires étrangères, agissant au nom et en délégation de Son Altesse le Vice-Roi d'Égypte,   D'une part,

Et M. Ferdinand de Lesseps, président-fondateur de la Compagnie de Suez, agissant au nom et en délégation du Conseil d'administration de ladite Compagnie,   D'autre part,

A été convenu ce qui suit :

Article 1er. — Le Gouvernement égyptien occupera, dans le périmètre des terrains réservés comme dépendances du canal maritime, toute position ou tout point stratégique qu'il jugera nécessaires à la défense du pays; cette occupation ne devra pas faire obstacle à la navigation et respectera les servitudes attachées aux francs-bords du canal.

Art. 2. — Le Gouvernement égyptien, sous les mêmes réserves, pourra également occuper, pour ses services administratifs (postes, douanes, casernes etc.), tout emplacement disponible qu'il jugera convenable, en tenant compte des nécessités de l'exploitation des services de la Compagnie.

Le Gouvernement remboursera, quand il y aura lieu, à la Compagnie, les sommes que celle-ci aura dépensées pour créer ou approprier les terrains dont il voudra disposer.

ART. 3. — Dans l'intérêt du commerce, de l'industrie ou de la prospère exploitation du canal, tout particulier aura la faculté, moyennant l'autorisation préalable du Gouvernement et en se soumettant aux règlements administratifs ou municipaux de l'autorité locale, ainsi qu'aux lois, usages et impôts du pays, de s'établir soit le long du canal maritime, soit dans les villes élevées sur son parcours ; réserve faite des francs-bords, berges et chemins de halage, ces derniers devant rester ouverts à la libre circulation sous l'empire des règlements qui en détermineront l'usage.

Ces établissements ne pourront du reste avoir lieu que sur les emplacements que les ingénieurs de la Compagnie reconnaîtront n'être pas nécessaires aux services de l'exploitation et à charge par les bénéficiaires de rembourser à la Compagnie les sommes dépensées par elle pour la création ou l'appropriation desdits emplacements.

ART. 4. — Le Gouvernement égyptien prendra possession du canal d'eau douce, des travaux d'art et des terrains qui en dépendent, aussitôt que la

Compagnie se croira en mesure de livrer ledit canal dans les conditions antérieurement stipulées.

Cette livraison, qui impliquera réception de la part du Gouvernement égyptien, sera opérée contradictoirement entre les ingénieurs du Gouvernement et ceux de la Compagnie et constatée dans un procès-verbal relatant en détail les points par lesquels l'état du canal s'écartera des conditions qu'il devait réaliser.

Le Gouvernement égyptien demeurera, à partir de ce moment, chargé de l'entretien dudit canal, soit :

1° De faire, dans le délai possible, toutes plantations, cultures et travaux de défense nécessaires pour empêcher la dégradation des berges et l'envahissement des sables;

2° D'assurer, en toutes saisons, la navigation, en maintenant dans le canal un tirant d'eau de $2^m 50$ dans les hautes eaux du Nil, de 2^m dans la saison des eaux moyennes et de 1^m au minimum, dans les basses eaux;

3° De fournir, en outre, à la Compagnie un volume de soixante-dix mille mètres cubes d'eau par jour pour l'alimentation des populations établies sur le parcours du canal, l'arrosage des jardins, le fonctionnement des machines destinées à l'entretien du canal et à celles des établissements industriels nécessaires à son exploitation, à l'irrigation des semis et plantations pratiqués sur les dunes et autres terrains non naturellement irrigables compris dans les dépendances du canal, enfin, l'approvisionnement des navires qui passeront par ledit canal;

4° De faire enfin tous curages et travaux nécessaires pour entretenir le canal d'eau douce et ses ouvrages d'art en parfait état.

Le Gouvernement égyptien sera, de ce chef, substitué à la Compagnie en toutes les charges et obligations qui résulteraient pour elle d'un entretien insuffisant, étant tenu compte de l'état dans lequel le canal aura été livré et du délai nécessaire aux travaux que cet état aura pu exiger.

Art. 5. — Aussitôt après la livraison du canal, le Gouvernement égyptien en aura la jouissance et disposera de la faculté d'y établir des prises d'eau; la Compagnie, de son côté, aura, pendant la durée des travaux de construction du canal maritime et au besoin jusqu'à la fin de 1869, la faculté d'établir sur le canal d'eau douce des services de remorqueurs à hélice ou de toueurs pour les besoins de ses transports et de ceux de ses entrepreneurs, et l'exploitation exclusive du transit des marchandises de Port-Saïd à Suez, et *vice versâ*.

Après 1869, la Compagnie rentrera dans le droit commun pour l'usage du canal d'eau douce aux conditions antérieurement convenues.

Les bâtiments construits par la Compagnie pour ses services sur le parcours du canal d'eau douce de

Zagazig à Suez seront cédés au Gouvernement égyptien au prix de revient. Ceux de ces bâtiments et dépendances qui seront nécessaires à la Compagnie pendant la période ci-dessus indiquée lui seront loués par le Gouvernement au taux de cinq pour cent l'an du capital remboursé.

Art. 6. — La Compagnie vend au Gouvernement égyptien la propriété du Ouady telle qu'elle existe actuellement, avec ses bâtiments et dépendances, au prix de dix millions de francs.

Art. 7. — Si le canal d'eau douce est remis par la Compagnie au Gouvernement égyptien dans le courant de la présente année, les sommes dues par le Gouvernement égyptien, tant de ce chef, que pour l'acquisition du domaine du Ouady, ensemble vingt millions de francs, seront payées à la Compagnie à dater du 1er juillet jusqu'au 1er décembre 1866, en six payements égaux et mensuels de 3,333,333 fr. 33 c. opérés le 1er de chaque mois.

Au cas où l'appel de fonds restant à faire sur les actions serait rendu exigible par la Compagnie, dans le courant de la présente année, le montant des sommes dues de ce chef par le Gouvernement égyptien, soit environ et sauf compte à faire 17,500,000 francs, sera payé à la Compagnie à dater du 1er janvier jusqu'au 1er décembre 1867 en douze payements égaux et mensuels de 1,458,333 fr. environ, opérés le 1er de chaque mois.

Les sommes formant le solde de l'indemnité consentie par le Gouvernement égyptien en faveur de la Compagnie, exigibles postérieurement au 1er novembre 1866, soit ensemble cinquante-sept millions sept cent cinquante mille francs, seront payées à la Compagnie à dater du 1er janvier 1867 jusqu'au 1er décembre 1869, en trente-six payements égaux et mensuels de 1,604,166 francs opérés le 1er de chaque mois.

Tous les payements seront faits à la Compagnie en francs effectifs.

Fait en double expédition, au Caire, le 30 janvier 1866.

Signé : FERD. DE LESSEPS.
NUBAR-PACHA.

N° 12.

PROCÈS-VERBAL

DES OPÉRATIONS DES DÉLÉGUÉS NOMMÉS
A L'EFFET D'ÉTABLIR LES LIMITES DES TERRAINS
NÉCESSAIRES A LA BONNE EXPLOITATION DE L'ENTREPRISE
DU CANAL MARITIME DE SUEZ
ET DONT LA JOUISSANCE DOIT ÊTRE ATTRIBUÉE A LA COMPAGNIE
PENDANT LA DURÉE DE SA CONCESSION.

Les commissaires soussignés :

LEBASTEUR, inspecteur général des ponts et chaussées, délégué du Gouvernement français;

SERVER EFFENDI, sous-secrétaire d'État au ministère de l'agriculture, du commerce et des travaux publics, délégué du Gouvernement de Sa Majesté Impériale le Sultan;

ALY BEY MOUBARECK, colonel du génie, aide de camp de Son Altesse le Vice-Roi, délégué du Gouvernement égyptien;

MALLET, sénateur, délégué de la Compagnie du canal maritime de Suez,

Partis du Caire le 29 janvier 1866, sont arrivés le 30 à Ismaïlia sur le canal maritime.

Le lendemain, 31, remontant le canal vers le nord, après avoir visité les travaux du seuil d'El-Guisr, ils sont arrivés à Kantara. Le 1er février, ils étaient à Port-Saïd, dont ils ont visité les divers chantiers et l'emplacement où doivent être assis le port et ses dépendances.

De retour à Ismaïlia le 3 février, ils ont parcouru l'emplacement occupé et à occuper par cet établissement.

Partant d'Ismaïlia le 5 février, ils se sont dirigés vers Suez en visitant les chantiers du Sérapéum et de Chalouf.

Arrivés à Suez, ils ont visité la rade; et partout, dans les diverses, localités l'ingénieur en chef, directeur général des travaux, a exposé les besoins des établissements qui doivent y être créés. De retour au Caire, les commissaires se sont réunis en conférence, les 11 février et jours suivants, à l'effet d'examiner les plans qui leur ont été soumis, d'entendre de nouveau les explications du directeur général des travaux et de fixer définitivement les limites des terrains nécessaires à la Compagnie pour l'exploitation de son entreprise.

ARTICLE 1er. — *Port-Saïd.* Dans la séance du 13 février, M. le directeur général des travaux de la Compagnie a soumis à la commission un plan de Port-Saïd, indiquant les divers bassins à construire suivant les prévisions actuelles de la Compagnie.

Un double chenal conduirait de l'avant-port dans le premier bassin, et, entre les deux passes, on conserverait le terre-plein des ateliers où se fabriquent les blocs factices pour la construction des jetées. La question de savoir si l'occupation actuelle de ces terrains doit être seulement temporaire et provisoire, ou si elle doit être considérée comme indispensable à la Compagnie pendant toute la durée de la concession, se présente. Après mûr examen, la commission est d'avis que l'occupation par la Compagnie dudit terrain ne doit être que temporaire. En conséquence, la durée de cette occupation a été fixée à un laps de dix ans. Si, ultérieurement, ce laps de dix ans venait à être reconnu insuffisant, une entente entre le Gouvernement égyptien et la Compagnie en fixerait la prolongation; par contre, le Gouvernement rentrera en possession du terrain dont il s'agit au moment même où la Compagnie cessera la fabrication des blocs artificiels. Il est bien entendu que, durant l'occupation dudit terrain par la Compagnie, le Gouvernement égyptien pourra y faire tous les travaux et toutes les constructions qu'il jugera utiles sans nuire aux chantiers de la Compagnie. Il est aussi à remarquer que cet îlot est nécessaire pour abriter l'arrière-port. Cependant comme l'élargissement des passes pourra devenir indispensable, il s'ensuit que la Compagnie pourra toujours, pour opérer cet élargissement, réduire la longueur dudit îlot.

8.

Entre la passe de l'est et l'enracinement de la jetée du même côté, il devra être laissé une voie publique d'accès, depuis la levée extérieure de l'arrière-port jusqu'à la jetée. Il ne sera fait par la Compagnie aucune construction soit le long de la plage, soit sur les levées limitant les bassins du côté de l'est.

Une partie de la plage est réservée, le long de la jetée de l'ouest, pour les besoins de l'exploitation du canal et notamment pour compléter les travaux de la jetée et asseoir les principaux bâtiments d'exploitation; cette partie réservée à la Compagnie aura une largeur de cent cinquante mètres et une longueur maximum de six cents mètres, comptés à partir de l'origine de la jetée; elle n'est accordée que sous les conditions suivantes :

1° La Compagnie laissera libres pour la circulation publique, savoir : un quai de cinquante mètres de largeur entre les bâtiments d'exploitation qu'elle se propose de construire et la jetée, un espace de cinquante mètres de largeur entre l'extrémité de ces constructions et la laisse de la mer; la voie d'accès existant entre la plage et le quai du port.

2° Toutes les constructions faites par la Compagnie seront soumises, en cas de guerre, aux servitudes militaires, et le Gouvernement pourra faire exécuter tous travaux et toutes démolitions qu'il jugera utiles à la défense du pays, sans être tenu de payer aucune indemnité quelconque à la Compagnie à raison desdits travaux et démolitions.

3° Si, en cas de guerre, le Gouvernement juge utile de construire une batterie dans l'étendue des six cents mètres réservés, l'emplacement de cette batterie formera la limite définitive du terrain concédé.

Sous la réserve de toutes les conditions ci-dessus, la commission estime qu'une superficie de quatre cent trente hectares de terrain est nécessaire à la Compagnie pour le service et pour l'exploitation complète à Port-Saïd du canal maritime; ces terrains sont désignés au plan coté sous le n° 1, signé, paraphé et annexé au présent procès-verbal.

Cette superficie se répartit ainsi qu'il suit :

Terrains réservés du côté d'Afrique, trois cent dix-neuf hectares. . . . .   319 hectares.

Terrains réservés du côté d'Asie.
cent onze hectares.   111   »

Superficie totale à Port-Saïd. . .   430 hectares.

ART. 2. — *De la borne n° 3, placée à l'extrémité du port, au kilomètre n° 62, près d'El-Ferdane.* Aucune objection n'est faite à la demande de la Compagnie tendant à obtenir une largeur de deux cents mètres de chaque côté de l'axe du canal; en conséquence, cette demande lui est accordée.

ART. 3. — *Raz-el-Ech.* La Compagnie demande

une zone supplémentaire de trois cents mètres de largeur sur cinq cents mètres de longueur du côté d'Afrique, soit quinze hectares.

Cette demande est admise.

Le droit de pêche du Gouvernement dans le lac Menzaleh s'exercera toujours jusqu'au remblai exécuté.

ART. 4. — *Kantara.* La Compagnie demande, sur le côté d'Asie, une superficie totale de soixante-quatre hectares, se répartissant ainsi qu'il suit :

Création d'une gare de mille mètres de longueur sur deux cents mètres de largeur, avec terre-plein de deux cents mètres à l'entour pour les établissements destinés au service de la garde, vingt-huit hectares . . . . 28 hectares.

Emplacement pour le campement de la Compagnie et de l'entreprise, trente-six hectares . . . . 36 »

Total soixante-quatre hectares. . .   64 hectares.

Cette demande est admise par la commission.

ART. 5. — *D'El-Ferdane au lac Timsah.* Pour cette partie du canal, qui comprend la traversée du seuil d'El-Guisr, la Compagnie demande deux cents mètres du côté d'Asie et mille mètres du côté d'Afrique.

Cette demande est motivée, en ce qui concerne le côté d'Afrique, sur ce qu'il est nécessaire d'avoir une grande étendue de terrain pour déposer les déblais provenant d'une tranchée qui atteint à son point culminant une hauteur de dix-neuf mètres, non compris la profondeur du canal, qui est de huit mètres, ce qui porte le total des déblais à vingt-sept mètres, et, en outre, sur la nécessité d'exécuter des travaux pour fixer les sables mobiles qui pourraient sur certains points envahir la tranchée.

Par ces motifs, la commission admet la demande de la Compagnie.

Art. 6. — *Canal de jonction avec le canal d'eau douce.* La Compagnie ayant à faire des travaux importants pour fixer les sables mobiles et empêcher l'envahissement du canal de jonction et du canal maritime avec le canal d'eau douce, une superficie de cent soixante hectares lui est accordée par la commission.

Cette superficie est indiquée sur le plan d'ensemble d'Ismaïlia, coté sous le n° 2, signé, paraphé et annexé au présent procès-verbal. Aucune construction autre que les postes de gardiens, travaux d'éclairage des deux canaux et logement des préposés de ce service, ne pourra être faite par la Compagnie sur une surface de quinze cents mètres de rayon, dont le centre sera le point d'intersection de l'axe du bief actuel de jonction avec le canal d'eau douce et de l'axe du canal maritime.

Art. 7. — *Ismaïlia.* Le plan d'Ismaïlia ci-dessus

énoncé indique également le périmètre des terrains nécessaires pour les établissements de la Compagnie dans la ville d'Ismaïlia; d'après ce plan, une surface de cent quatre-vingt-treize hectares, s'étendant au nord du canal d'eau douce, serait nécessaire; la Compagnie demande donc cette superficie, laquelle lui est accordée par la commission.

ART. 8. — *Port d'Ismaïlia. Traversée du lac Timsah. Canal de service.* Le port d'Ismaïlia, sur le lac Timsah, indiqué sur le plan coté sous le n° 2, est séparé de la ville par le canal d'eau douce, les communications entre la ville et le port sont établies par des ponts-levis construits sur les deux écluses. Ces deux ponts doivent être conservés. La commission décide, en outre, que le long du canal d'eau douce, entre les deux écluses jusqu'à la gare des ateliers de réparations que se propose de construire la Compagnie, il sera réservé pour les besoins dudit canal une bande de soixante mètres de largeur comptée à partir de l'axe. Le Gouvernement pourra faire construire sur cette bande tout bâtiment de service qu'il jugera nécessaire, en laissant un passage libre, le long du canal, de vingt mètres de largeur.

Dans l'étendue de la gare, la digue du canal sera continuée par la Compagnie et aura, au sommet, dix mètres de largeur. Au passage des canaux de communication, entre le canal et la gare, il sera établi, pour l'usage du public, des ponts mobiles ayant une largeur de quatre mètres. Le long du quai du port, sur le lac Timsah, on laissera un espace libre de cinquante mètres de largeur. Une bande de terrain de cinq cents mètres de largeur sur quinze cents mètres de longueur, soit soixante-quinze hectares à l'ouest du lac, est distraite de la concession demandée, pour les besoins du Gouvernement égyptien, qui pourra, s'il le juge convenable, établir sur le lac Timsah un port dont les quais feront un retour d'équerre par rapport à ceux de la Compagnie. La superficie des terrains accordés pour l'établissement du port d'Ismaïlia du côté d'Afrique est fixée, par suite de la réduction ci-dessus, à cinq cent huit hectares. Il est, en outre, accordé pour l'ouverture du canal dans la traversée du lac Timsah une zone de deux cents mètres de chaque côté de l'axe.

Un canal de service conduisant à une carrière située à l'est du canal maritime, ainsi que la carrière elle-même, restent réservés à la Compagnie conformément à la concession qui lui en a été faite. Le tout comporte une superficie de soixante-quatorze hectares.

ART. 9. — *Du lac Timsah aux lacs Amers.* Cette portion du canal de dix-sept kilomètres de longueur comprend la tranchée du Sérapéum, un peu moins profonde que celle d'El-Guisr, mais présentant les mêmes difficultés. Pour les motifs indiqués à l'article 5, la Compagnie demande, du côté d'Afrique, une largeur de huit cents mètres et de deux cents mètres du côté d'Asie. Cette demande lui est accordée par la commission.

ART. 10. — *Traversée des lacs Amers.* M. le directeur général des travaux, appelé à donner des explications sur le projet de la Compagnie, fait connaître qu'elle a l'intention de s'établir dans les lacs mêmes, en opérant, s'il y a lieu, les dragages nécessaires; cependant, il prévoit le cas où il y aurait dans la nappe d'eau des lacs une agitation ou des courants gênants pour la navigation; on se reporterait alors à la limite des lacs du côté d'Asie, et on les contournerait en établissant une voie séparée des lacs et protégée contre l'action des vents et de la marée. La superficie à occuper dans l'un ou dans l'autre cas serait sensiblement la même, et la zone concédée peut être calculée à raison de deux cents mètres de chaque côté de l'axe de la voie suivie par la navigation. Quand la Compagnie sera complètement fixée sur la ligne à adopter, la concession se bornera aux terrains situés sur cette ligne.

La commission accorde donc la zone de deux cents mètres de chaque côté de l'axe de la voie adoptée par la Compagnie. De plus, la commission accorde à la Compagnie une surface supplémentaire de vingt hectares au seuil de séparation des deux lacs, pour divers travaux ayant pour objet de diriger les eaux sur ces points et d'empêcher, au moyen d'épis ou d'enrochements, la transmission des lames et les dégradations que les courants pourraient occasionner.

Art. 11. — *Des lacs Amers aux lagunes de Suez.* La Compagnie demande deux cents mètres de largeur de chaque côté de l'axe, plus, pour le campement de Chalouf, une zone supplémentaire de trois cents mètres de largeur sur une longueur de mille mètres, soit trente hectares. Elle réclame aussi une superficie égale pour le campement de la plaine, comprenant des bassins et un canal de service pour l'alimentation du campement.

La commission accorde ces différents chefs de demande à la Compagnie.

Art. 12. — *Traversée des lagunes de Suez.* Aucune objection n'étant faite à la demande de la Compagnie qui réclame deux cents mètres de chaque côté de l'axe du canal, et, en outre, une zone supplémentaire de vingt-sept hectares pour le campement de la quarantaine et la voie d'accès qui y conduit, plus treize hectares pour le petit établissement à former à l'entrée du canal, à son point de jonction avec le chenal conduisant à la rade de Suez; en conséquence, ces différents chefs sont également accordés.

Art. 13. — *Port de Suez.* Après une discussion approfondie sur les moyens d'assurer l'exploitation facile et complète du canal maritime, la commission accorde à la Compagnie la superficie des terrains qu'elle demande, tels qu'ils sont figurés au plan coté sous le n° 3, signé, paraphé et annexé au présent procès-verbal. Cette allocation est faite sous les réserves et sous les conditions suivantes :

1° Le chenal faisant partie du port de Suez n'est pas compris dans les terrains réservés à la Compagnie; toutefois, il demeure bien entendu que, conformément à la concession, la Compagnie a le droit de faire dans le chenal tous les travaux que comporte l'exécution de ses projets, sous la réserve de laisser toujours un passage libre à la navigation entre le fond du port et la rade, de sorte que la navigation ne soit jamais arrêtée ni entravée.

2° Le halage sera libre sur les quais que doit construire la Compagnie. Toutefois, le droit de haler ne devra pas gêner la formation des trains.

La formation des trains est interdite le long de la jetée extérieure et sur une longueur de cent mètres à l'extrémité du terre-plein. La portion du quai suivante, jusqu'au petit bassin, est affectée à la formation des trains; en dehors des navires destinés à entrer dans le canal, aucun navire ne pourra y stationner ni s'y amarrer.

La circulation pour le public sera constamment libre sur les quais.

Si la Compagnie prolonge la levée au delà de l'extrémité du terre-plein, en vue de former une jetée d'abri, cette jetée extérieure sera et restera consacrée au public pour les besoins généraux de halage.

3° La chaîne de touage que doit établir la Compagnie sera placée à cent mètres au moins de distance de la levée, mesure prise au niveau moyen des eaux, et la Compagnie aura la faculté de la prolonger en ligne droite jusqu'aux fonds naturels de neuf mètres. La Compagnie sera tenue d'élargir le chenal, si les besoins de la navigation locale le rendent nécessaire, et elle reculera alors, en même temps, la chaîne de touage.

4° Le chenal devant rester libre pour tous les navires, aucun bâtiment n'y pourra mouiller.

5° La moitié de la largeur du terre-plein à créer entre la levée formant la rive nord du chenal d'avant-port et le quai du bassin de radoub sera comprise dans les zones réservées à l'exploitation du canal maritime, sous la condition pour la Compagnie de laisser au quai, le long de la levée, une largeur de quarante mètres.

La Compagnie n'aura à sa charge que la dépense afférente à l'exécution des travaux dans la largeur de la zone qui lui est réservée.

L'enrochement qui doit protéger le terre-plein du côté de la rade sera construit simultanément par le Gouvernement et par la Compagnie.

6° Les fortifications qui pourront être construites

à l'extrémité sud-ouest du terre-plein seront dispo-
sées de manière que l'on puisse communiquer entre
ce terre-plein et la rade.

La partie extérieure correspondant à la bande réservée à la Compagnie sera affectée à l'accostage et
au stationnement de ses embarcations de service et
à l'établissement de ses embarcadères.

7° La partie du terre-plein réservée à la Compagnie le long du chenal du port de Suez, en retour
vers le nord, aura une longueur de mille mètres, à
partir de l'entrée du petit bassin projeté pour le re-
misage du matériel d'exploitation du canal maritime. Le terre-plein s'étendra en largeur jusqu'à une
ligne parallèle au chemin de fer à cinquante mètres
en arrière de l'axe de la voie. Les navires étrangers
à l'exploitation du canal maritime pourront se haler,
mais non décharger ni s'amarrer le long de ce terre-
plein.

8° Les constructions qui seront élevées par la Compagnie dans l'étendue de la zone réservée à l'exploitation du canal maritime seront soumises en cas de
guerre aux servitudes militaires.

Une zone de cent mètres de largeur est réservée à
l'extrémité du terre-plein pour les besoins du gouvernement. Aucune construction ne pourra être éri-
gée sur cette zone de terrain par la Compagnie.

Aucune des énonciations du présent procès-verbal
ne pourra être prise ou considérée par la Compagnie

comme l'affranchissant des règlements de port; en conséquence, tous les navires généralement quelconques se dirigeant dans le canal maritime resteront, à l'instar des autres navires, soumis aux règlements faits ou à faire par le Gouvernement égyptien pour assurer la libre circulation dans les ports de son territoire.

En conséquence, et se résumant, les commissaires soussignés arrêtent ainsi qu'il suit l'état des terrains concédés à la Compagnie pour l'établissement, l'exploitation et la conservation du canal maritime de Suez. (Voir le plan général du canal, pièce annexe n° 4.)

État des terrains nécessaires à l'établissement, l'exploitation et la conservation du Canal maritime de Suez.

N° D'ORDRE.	DÉSIGNATION DES PARTIES DU CANAL, DES PORTS ET DES ÉTABLISSEMENTS.	LON-GUEURS en kilo-mètres.	LARGEUR MESURÉE à partir DE L'AXE DU CANAL.		SUPERFICIES.	
			CÔTÉ AFRIQUE.	CÔTÉ ASIE.	CÔTÉ AFRIQUE.	CÔTÉ ASIE.
		k.	m.	m.	h.	h.
I.	*Port-Saïd.* Le périmètre des terrains réservés à la Compagnie est figuré par un liséré vermillon sur le plan joint au présent état. (Pièce annexe n° 1.) . . .	3	»	»	319	111
II.	*De Port-Saïd à El-Ferdane.* Du kilom. 3 au kilom. 62 du canal maritime	59	200	200	1180	1180
III.	*Raz-el-Ech.* Zone supplémentaire, côté Afrique, d'une largeur de 300ᵐ sur une longueur de 500ᵐ.	»	»	»	15	»
IV.	*Kantara.* Le périmètre des terrains réservés est figuré par un liséré vermillon sur le plan joint au présent état. (Pièce annexe n° 1 bis.).	»	»	»	»	64
V.	*D'El-Ferdane au lac Timsah.* Du kilomètre 62 au point kilométrique 75ᵏ5 du canal maritime. . . .	13 5	1000	200	1350	270
VI.	*Canal de jonction avec le canal d'eau douce.* Longueur moyenne de 2,000ᵐ sur une largeur moyenne de 800ᵐ, conformément au plan joint au présent état. (Pièce annexe n° 2.)	»	»	»	160	»
VII.	*Ismaïlia.* Le périmètre des terrains réservés est figuré par un liséré vermillon sur la même pièce annexe n° 2.	»	»	»	193	»

N° D'ORDRE.	DÉSIGNATION DES PARTIES DU CANAL, DES PORTS ET DES ÉTABLISSEMENTS.	LON- GUEURS en kilo- mètres.	LARGEUR MESURÉE à partir DE L'AXE DU CANAL		SUPERFICIES.	
			CÔTÉ AFRIQUE.	CÔTÉ ASIE.	CÔTÉ AFRIQUE.	CÔTÉ ASIE.
		k.	m.	m.	h.	h.
VIII.	*Port d'Ismaïlia, traversée du lac Timsah, canal de service.*					
	Le périmètre des terrains réservés est figuré par un liséré vermillon sur la pièce annexe n° 2.					
	Port d'Ismaïlia	»	»	»	508	»
	Traversée du lac Timsah.					
	Du kilom. 75ᵏ5 au kilom. 81. . .	5 5	200	200	110	140
	Canal de service	»	»	»	»	74
IX.	*Du lac Timsah aux lacs Amers.*					
	Du kilom. 81 au kilom. 98. . . .	17	800	200	1360	340
X.	*Traversée des lacs Amers.*					
	Du kilom. 98 au kilom. 133. . . .	35	200	200	700	700
	Campement du seuil de séparation des deux bassins, 500ᵐ sur 400ᵐ. .	»	»	»	20	»
XI.	*Des lacs Amers aux lagunes de Suez.*					
	Du kilom. 133 au kilom. 151. . .	18	200	200	360	360
	Campement de Chalouf, zone sup- plémentaire de 300ᵐ de largeur sur une longueur de 1,000ᵐ.	»	»	»	30	»
	Campement de la plaine. Bas- sins et canal de service.	»	»	»	30	»
XII.	*Traversée des lagunes de Suez.*					
	Du kilom. 151 au kilom. 159 . . .	8	200	200	160	160
	Campement de la quarantaine et chemin d'accès.	»	»	»	27	»
	Établissement à l'entrée du canal.	»	»	»	13	»
XIII.	*Port de Suez.*					
	Le périmètre des terrains réservés est figuré par un liséré vermillon sur le plan joint au présent état. (Pièce annexe n° 3.)	2	»	»	130	180
	TOTAUX.	161	»	»	6665	3349

Le présent état de superficie montant, savoir :

Pour le côté d'Afrique, à. . . .   6.665 hectares.
Pour le côté d'Asie, à.   3,549   »

Total général de la superficie
des terrains concédés, dix mille
deux cent quatorze hectares . . .   10,214 hectares.

Fait au Caire en quadruple expédition, le dix-neuf février mil huit cent soixante-six de l'ère chrétienne, soit le cinq chatval mil deux cent quatre-vingt-deux de l'hégire.

Signé : LEBASTEUR.

SERVER,

ALY-MOUBARECK-BEY.

MALLET.

N° 13.

CONVENTION DU 22 FÉVRIER 1866.

Entre S. A. ISMAIL-PACHA, vice-roi d'Égypte,

D'une part;

Et la Compagnie universelle du canal maritime de Suez, représentée par M. FERDINAND DE LESSEPS, son président-fondateur, autorisé à cet effet par les assemblées générales des actionnaires des 1er mars et 6 août 1864 et par décision spéciale du Conseil d'administration de ladite Compagnie, en date du 13 septembre 1864,

D'autre part;

A été exposé et stipulé ce qui suit :

Un premier acte de concession provisoire, en date du 30 novembre 1854, a autorisé M. de Lesseps à former une Compagnie financière pour l'exécution du canal maritime de Suez.

Un second acte de concession, en date du 5 janvier 1856, a déterminé le cahier des charges pour procéder à la formation de la Compagnie financière chargée d'exécuter les travaux du canal, et a donné l'autorisation d'exécuter les travaux du percement de l'isthme dès que la ratification de la Sublime

9.

Porte serait obtenue. A cet acte étaient annexés les statuts de la Compagnie universelle, revêtus de l'approbation du vice-roi.

Un décret-règlement, en date du 20 juillet 1856, a déterminé l'emploi des ouvriers fellahs aux travaux du canal de Suez.

Une convention intervenue entre le vice-roi et la Compagnie, le 18 mars 1863, a rétrocédé au Gouvernement égyptien la première section du canal d'eau douce, entre le Caire et le Ouady.

Une autre convention, datée du 20 mars 1863, a réglé la participation financière du Gouvernement égyptien dans l'entreprise.

Enfin, une dernière convention, en date du 30 janvier 1866, a réglé :

1° L'usage des terrains réservés à la Compagnie comme dépendances du canal maritime ;

2° La cession du canal d'eau douce, des terrains, ouvrages d'art et constructions en dépendant, et la reprise par le Gouvernement de l'entretien dudit canal ;

3° La vente du domaine du Ouady, au prix de 10,000,000 de francs ;

4° Les échéances des termes fixés pour le payement des sommes dues à la Compagnie.

La Sublime Porte, sollicitée, conformément à l'acte de concession du 5 janvier 1856, de donner sa ratification à la concession de l'entreprise du canal, a formulé, par une note en date du 6 avril 1863, les conditions auxquelles cette ratification était subordonnée.

Pour donner pleine satisfaction à cet égard à la Sublime Porte, il s'est établi entre le vice-roi et la Compagnie une entente qu'ils ont consacrée et formulée dans la convention dont les clauses et stipulations suivent :

ARTICLE 1er. — Est et demeure abrogé, dans son entier, le règlement en date du 20 juillet 1856 relatif à l'emploi des fellahs aux travaux du canal de Suez.

Est, en conséquence, déclarée nulle et caduque la disposition de l'article 2 de l'acte de concession du 5 janvier 1856, ainsi conçue : « Dans tous les cas, les quatre cinquièmes au moins des ouvriers employés aux travaux seront Égyptiens. »

Le Gouvernement égyptien payera à la Compagnie, à titre d'indemnité et en raison de l'annulation du règlement du 20 juillet 1856 et des avantages qu'il comportait, une somme de 38,000,000 de francs.

La Compagnie se procurera désormais, suivant le droit commun, sans priviléges comme sans entraves, les ouvriers nécessaires aux travaux de l'entreprise.

ART. 2. — La Compagnie renonce au bénéfice des articles 7 et 8 de l'acte de concession du 30 novembre 1854 et des articles 10, 11 et 12 de celui du 5 janvier 1856.

L'étendue des terrains susceptibles d'irrigation concédés à la Compagnie par ces mêmes actes de 1854 et 1856 et rétrocédés au Gouvernement, a été reconnue et fixée d'un commun accord à 63,000 hectares, sur lesquels doivent être déduits 3,000 hectares qui font partie des emplacements affectés aux besoins du canal maritime.

ART. 3. — Les articles 7 et 8 de l'acte de concession de 1854 et les articles 10, 11 et 12 de celui de 1856, demeurant abrogés, comme il est dit dans l'article 2, l'indemnité due à la Compagnie par le Gouvernement égyptien, par suite de la rétrocession des terrains, s'élève à la somme de 30 millions de francs, le prix de l'hectare étant fixé à 500 francs.

ART. 4. — Considérant qu'il est nécessaire de déterminer, pour le canal maritime, l'étendue des terrains qu'exigent son établissement et son exploitation, dans des conditions propres à assurer la prospérité de l'entreprise ; que cette étendue ne doit pas être restreinte à l'espace qui sera matériellement occupé par le canal même, par ses francs bords et par les chemins de halage; considérant que pour donner aux besoins de l'exploitation une entière et complète satisfaction, il faut que la Compagnie puisse établir, à proximité du canal maritime, des dépôts, des magasins, des ateliers, des ports dans les lieux où leur utilité sera reconnue, et enfin des habitations convenables pour les gardiens, surveillants, les ouvriers chargés des travaux d'entretien et pour tous les préposés de l'administration; qu'il est, en outre, convenable d'accorder, comme accessoires des habitations, des terrains qui puissent être cultivés en jardins et fournir quelques approvisionnements dans des lieux privés de toute ressource de ce genre; qu'enfin il est indispensable que la Compagnie puisse disposer de terrains suffisants pour y faire les plantations et les travaux destinés à protéger le canal maritime contre l'invasion des sables et assurer sa conservation; mais qu'il ne doit rien être alloué au delà de ce qui est nécessaire pour pourvoir amplement aux divers services qui viennent d'être indiqués; que la Compagnie ne peut avoir la prétention d'obtenir, dans des vues de spéculation, une étendue quelconque de terrains, soit pour les livrer à la culture, soit pour y élever des constructions, soit pour les céder lorsque la population aura augmenté;

Les deux parties intéressées se renfermant dans ces limites pour déterminer, sur tout le parcours du canal maritime, le périmètre des terrains dont la jouissance, pendant la durée de la concession, est nécessaire à l'établissement, à l'exploitation et à la conservation de ce canal;

Sont, d'un commun accord, convenues que la quantité de terrains nécessaires à l'établissement, l'exploitation et la conservation dudit canal, est fixée, conformément aux plans et tableaux dressés, arrêtés, signés et annexés à cet effet aux présentes [1].

ART. 5. — La Compagnie rétrocède au Gouvernement égyptien la seconde partie du canal d'eau douce située entre le Ouady, Ismaïlia et Suez, ainsi qu'elle lui avait déjà rétrocédé la première partie du canal située entre le Caire et le domaine du Ouady, par la convention du 18 mars 1863.

La rétrocession de cette seconde partie du canal d'eau douce est faite dans les termes et sous les conditions qui suivent :

1° La Compagnie est tenue de terminer les travaux restant à faire pour mettre le canal du Ouady, Ismaïlia et Suez dans les dimensions convenues et en état de réception.

2° Le Gouvernement égyptien prendra possession du canal d'eau douce, des travaux d'art et des terrains qui en dépendent, aussitôt que la Compagnie se croira en mesure de livrer ledit canal dans les conditions ci-dessus indiquées. Cette livraison, qui impliquera réception de la part du Gouvernement égyptien, sera opérée contradictoirement entre les ingénieurs du Gouvernement et ceux de la Compa-

---

[1] Voir le procès-verbal de délimitation, page 113, et les plans à la fin du volume.

gnie, et constatée dans un procès-verbal relatant en détail les points par lesquels l'état du canal s'écartera des conditions qu'il devait réaliser;

3° Le Gouvernement égyptien demeurera, à partir de la livraison, chargé de l'entretien dudit canal, soit :

I. — De faire dans le délai possible toutes plantations, cultures et travaux de défense nécessaires pour empêcher la dégradation des berges et l'envahissement des sables, et de maintenir l'alimentation du canal par celui de Zagazig, jusqu'à ce que cette alimentation soit assurée directement par la prise d'eau du Caire;

II. — D'exécuter les travaux de la partie qui lui a été rétrocédée par la convention du 18 mars 1863 et de mettre cette première section en communication avec la seconde, au point de jonction du Ouady;

III. — D'assurer en toute saison la navigation, en maintenant dans le canal une hauteur d'eau de 2 mètres 50 centimètres dans les hautes eaux du Nil, de 2 mètres à l'étiage moyen, et de 1 mètre, au minimum, au plus bas étiage;

IV. — De fournir, en outre à la Compagnie, un volume de 70,000 mètres cubes d'eau par jour pour l'alimentation des populations établies sur le parcours du canal maritime, l'arrosage des jardins, le fonctionnement des machines destinées à l'entretien du canal maritime et de celles des établissements industriels se rattachant à son exploitation ; l'irrigation des semis et des plantations pratiqués sur les dunes et autres terrains non naturellement irrigables compris dans les dépendances du canal maritime ; enfin l'approvisionnement des navires qui passent par ledit canal ;

V. — De faire tout curage et travaux nécessaires pour entretenir le canal d'eau douce et ses ouvrages d'art en parfait état. Le Gouvernement égyptien sera de ce chef substitué à la Compagnie en toutes les charges et obligations qui résulteraient pour elle d'un entretien insuffisant, étant tenu compte de l'état dans lequel le canal aura été livré, et du délai nécessaire aux travaux que cet état aura pu exiger.

ART. 6. — La Compagnie aura la servitude de passage sur les terrains que devront traverser les rigoles et conduites d'eau nécessaires au prélèvement des 70.000 mètres cubes d'eau dont il s'agit ci-dessus.

ART. 7. — Aussitôt après la livraison du canal d'eau douce, le Gouvernement égyptien en aura la jouissance et disposera de la faculté d'y établir des prises d'eau ; la Compagnie, de son côté, aura pendant la durée des travaux de construction du canal maritime et, au besoin, jusqu'à la fin de 1869, la faculté d'établir sur le canal d'eau douce des services de remorqueurs à hélice ou de toueurs pour les besoins de ses transports ou de ceux de ses entrepreneurs, et l'exploitation exclusive du transit des marchandises de Port-Saïd à Suez, et *vice versa*.

Après 1869, la Compagnie rentrera dans le droit commun pour l'usage du canal d'eau douce; elle n'aura plus sur ce canal que la jouissance appartenant aux Égyptiens, sans toutefois que jamais ses barques et bâtiments puissent être soumis à aucun droit de navigation.

L'alimentation d'eau douce en ligne directe à Port-Saïd sera toujours amenée par les moyens que la Compagnie jugera convenable d'employer à ses frais.

La Compagnie cesse d'avoir le droit de cession de prise d'eau, de navigation, de pilotage, de remorquage, de halage, ou stationnement à elle accordés sur le canal d'eau douce par les articles 8 et 17 de l'acte de concession du 5 janvier 1856.

Les bâtiments construits par la Compagnie pour ses services sur le parcours du canal d'eau douce de Zagazig à Suez sont cédés au Gouvernement égyptien au prix de revient; ceux de ces bâtiments et dépendances qui seront nécessaires à la Compagnie pendant la période ci-dessus indiquée lui seront loués par le Gouvernement au taux de 5 0/0 l'an du capital remboursé.

Le canal d'eau douce ayant été ainsi complétement rétrocédé au Gouvernement égyptien, son entretien étant à la charge dudit Gouvernement, il pourra établir sur ledit canal et ses dépendances tels ouvrages fixes ou mobiles qu'il jugera convenables ; d'un autre côté, il devient inutile de déterminer, ainsi qu'on l'a fait pour le canal maritime, aucune étendue de terrain pour son entretien et pour sa conservation.

Art. 8. — L'indemnité totale due à la Compagnie, s'élevant à la somme de 84,000,000 de francs, lui sera payée par le Gouvernement égyptien, ensemble avec le restant du montant des actions du Gouvernement, au cas où la Compagnie ferait un appel de fonds la présente année, et les 10,000,000 de francs, prix de la vente du Ouady, de la manière indiquée au tableau dressé à cet effet, signé et annexé aux présentes.

Art. 9. — Le canal maritime et toutes ses dépendances restent soumis à la police égyptienne, qui s'exercera librement comme sur tout autre point du territoire, de façon à assurer le bon ordre, la sécurité publique et l'exécution des lois et règlements du pays.

Le Gouvernement égyptien jouira de la servitude de passage à travers le canal maritime sur les points qu'il jugera nécessaires, tant pour ses propres communications que pour la libre circulation du commerce et du public, sans que la Compagnie puisse percevoir aucun droit de péage ou autre redevance sous quelque prétexte que ce soit.

Art. 10. — Le Gouvernement égyptien occupera dans le périmètre des terrains réservés comme dépendance du canal maritime, toute position ou tout point stratégique qu'il jugera nécessaire à la défense du pays. Cette occupation ne devra pas faire obstacle à la navigation et respectera les servitudes attachées aux francs bords du canal.

Art. 11. — Le Gouvernement égyptien, sous les mêmes réserves, pourra occuper pour ses services administratifs (poste, douane, caserne, etc.), tout emplacement disponible qu'il jugera convenable, en tenant compte des nécessités de l'exploitation des services de la Compagnie; dans ce cas, le Gouvernement remboursera, quand il y aura lieu, à la Compagnie les sommes que celle-ci aura dépensées pour créer ou approprier les terrains dont il voudra disposer.

Art. 12. — Dans l'intérêt du commerce, de l'industrie ou de la prospère exploitation du canal, tout particulier aura la faculté, moyennant l'autorisation préalable du Gouvernement et en se soumettant aux règlements administratifs ou municipaux de l'autorité locale, ainsi qu'aux lois, usages et impôts du pays, de s'établir, soit le long du canal maritime, soit dans les villes élevées sur son parcours, réserve faite des francs bords, berges et chemins de halage; ces derniers devant rester ouverts à la libre circulation, sous l'empire des règlements qui en détermineront l'usage.

Ces établissements, du reste, ne pourront avoir lieu que sur les emplacements que les ingénieurs de la Compagnie reconnaîtront n'être pas nécessaires aux services de l'exploitation, et à charge par les bénéficiaires de rembourser à la Compagnie les sommes dépensées par elle pour la création et l'appropriation desdits emplacements.

ART. 13. — Il est entendu que l'établissement des services de douane ne devra porter aucune atteinte aux franchises douanières dont doit jouir le transit général s'effectuant à travers le canal par les bâtiments de toutes les nations, sans aucune distinction, exclusion ni préférence de personne ou de nationalité.

ART. 14. — Le Gouvernement égyptien, pour assurer la fidèle exécution des conventions mutuelles entre lui et la Compagnie, aura le droit d'entretenir à ses frais, auprès de la Compagnie et sur le lieu des travaux, un commissaire spécial.

ART. 15. — Il est déclaré, à titre d'interprétation, qu'à l'expiration des quatre-vingt-dix-neuf ans de la concession du canal de Suez et à défaut de nouvelle entente entre le Gouvernement égyptien et la Compagnie, la concession prendra fin de plein droit.

ART. 16. — La Compagnie universelle du canal maritime de Suez étant égyptienne, elle est régie par les lois et usages du pays ; toutefois, en ce qui regarde sa constitution comme société et les rapports des associés entre eux, elle est, par une convention spéciale, réglée par les lois qui, en France, régissent les sociétés anonymes. Il est convenu que toutes les contestations de ce chef seront jugées en France par des arbitres avec appel comme surarbitre à la Cour impériale de Paris.

Les différends en Égypte entre la Compagnie et les particuliers, à quelque nationalité qu'ils appartiennent, seront jugés par les tribunaux locaux suivant les formes consacrées par les lois et usages du pays et les traités.

Les contestations qui viendraient à surgir entre le Gouvernement égyptien et la Compagnie seront également soumises aux tribunaux locaux et résolues suivant les lois du pays.

Les préposés, ouvriers et autres personnes appartenant à l'administration de la Compagnie, seront jugés par les tribunaux locaux, suivant les lois locales et les traités, pour tous délits et contestations dans lesquels les parties ou l'une d'elles seraient indigènes.

Si toutes les parties sont étrangères, il sera procédé entre elles conformément aux règles établies.

Toute signification à la Compagnie par une partie intéressée quelconque en Égypte sera valablement faite au siége de l'administration à Alexandrie.

Art. 17. — Tous les actes antérieurs, concessions,

conventions et statuts sont maintenus dans toutes celles de leurs dispositions qui ne sont point en contradiction avec la présente convention.

Fait double au Caire, le vingt-deux février mil huit cent soixante-six.

Signé : ISMAÏL.

Signé : FERD. DE LESSEPS.

TABLEAU

DES PAYEMENTS STIPULÉS EN FAVEUR DE LA COMPAGNIE
DANS LA CONVENTION DU 22 FÉVRIER 1866 POUR Y ÊTRE ANNEXÉ,
SAUF COMPTE SPÉCIAL A ARRÊTER,
EN CE QUI CONCERNE LE MONTANT DES VERSEMENTS DES ACTIONS
ET LES PAYEMENTS DÉJA EFFECTUÉS.

DATES DES PAYEMENTS.	MONTANT DES PAYEMENTS.	PAR AN.
1864 — 1er novembre	3,250,000 00	3,250,000 00
1865 — 1er mai	3,250,000 00	6,500,000 00
1er novembre	3,250,000 00	
1866 — 1er mai	3,250,000 00	
1er juillet	3,333,333 33	
1er août	3,333,333 33	
1er septembre	3,333,333 33	26,500,000 00
1er octobre	3,333,333 33	
1er novembre	6,588,333 33	
1er décembre	3,333,333 35	
1867 — 1er janvier	3,062,500 00	
1er février	3,062,500 00	
1er mars	3,062,500 00	
1er avril	3,062,500 00	
1er mai	3,062,500 00	
1er juin	3,062,500 00	
1er juillet	3,062,500 00	36,750,000 00
1er août	3,062,500 00	
1er septembre	3,062,500 00	
1er octobre	3,062,500 00	
1er novembre	3,062,500 00	
1er décembre	3,062,500 00	
1868 — 1er janvier	1,604,166 67	
1er février	1,604,166 67	
1er mars	1,604,166 67	
1er avril	1,604,166 67	
1er mai	1,604,166 67	
1er juin	1,604,166 67	
1er juillet	1,604,166 67	19,250,000 00
1er août	1,604,166 67	
1er septembre	1,604,166 67	
1er octobre	1,604,166 67	
1er novembre	1,604,166 67	
1er décembre	1,604,166 63	
1869 — 1er janvier	1,604,166 67	
1er février	1,604,166 67	
1er mars	1,604,166 67	
1er avril	1,604,166 67	
1er mai	1,604,166 67	
1er juin	1,604,166 67	
1er juillet	1,604,166 67	19,250,000 00
1er août	1,604,166 67	
1er septembre	1,604,166 67	
1er octobre	1,604,166 67	
1er novembre	1,604,166 67	
1er décembre	1,604,166 63	
	111,500,000 00	
A déduire les sommes payées	9,750,000 00	
Reste dû	101,850,000 00	

N° 14.

FIRMAN DE S. M. I. LE SULTAN.

Mon illustre vizir, Ismaïl-Pacha, vice-roi d'Égypte, ayant rang de grand vizir, décoré de l'Osmanié et du Medjidieh de première classe, en brillants :

La réalisation du grand œuvre destiné à donner de nouvelles facilités au commerce et à la navigation par le percement d'un canal entre la Méditerranée et la mer Rouge étant l'un des événements les plus désirables de ce siècle de science et de progrès, des conférences ont eu lieu depuis un certain temps avec la Compagnie qui demande à exécuter ce travail, et elles viennent d'aboutir d'une façon conforme, pour le présent et pour l'avenir, aux droits sacrés de la Porte, comme à ceux du Gouvernement égyptien.

Le contrat, dont ci-après la teneur des articles en traduction, a été dressé et signé par le Gouvernement égyptien conjointement avec le représentant de la Compagnie ; il a été soumis à notre sanction impériale, et après l'avoir lu, nous lui avons donné notre acceptation.

(Suit le contrat *in extenso* signé au Caire le 22 février 1866)

Le présent firman, émané de notre divan impérial, est rendu à cet effet que nous donnons notre autorisation souveraine à l'exécution du canal par ladite Compagnie, aux conditions stipulées dans ce contrat, comme aussi au règlement de tous les accessoires selon ce contrat et les actes et conventions y inscrits et désignés qui en font partie intégrante.

Donné le 2 zilqydjé 1282.

(19 *mars* 1866.)

TABLE DES MATIÈRES.

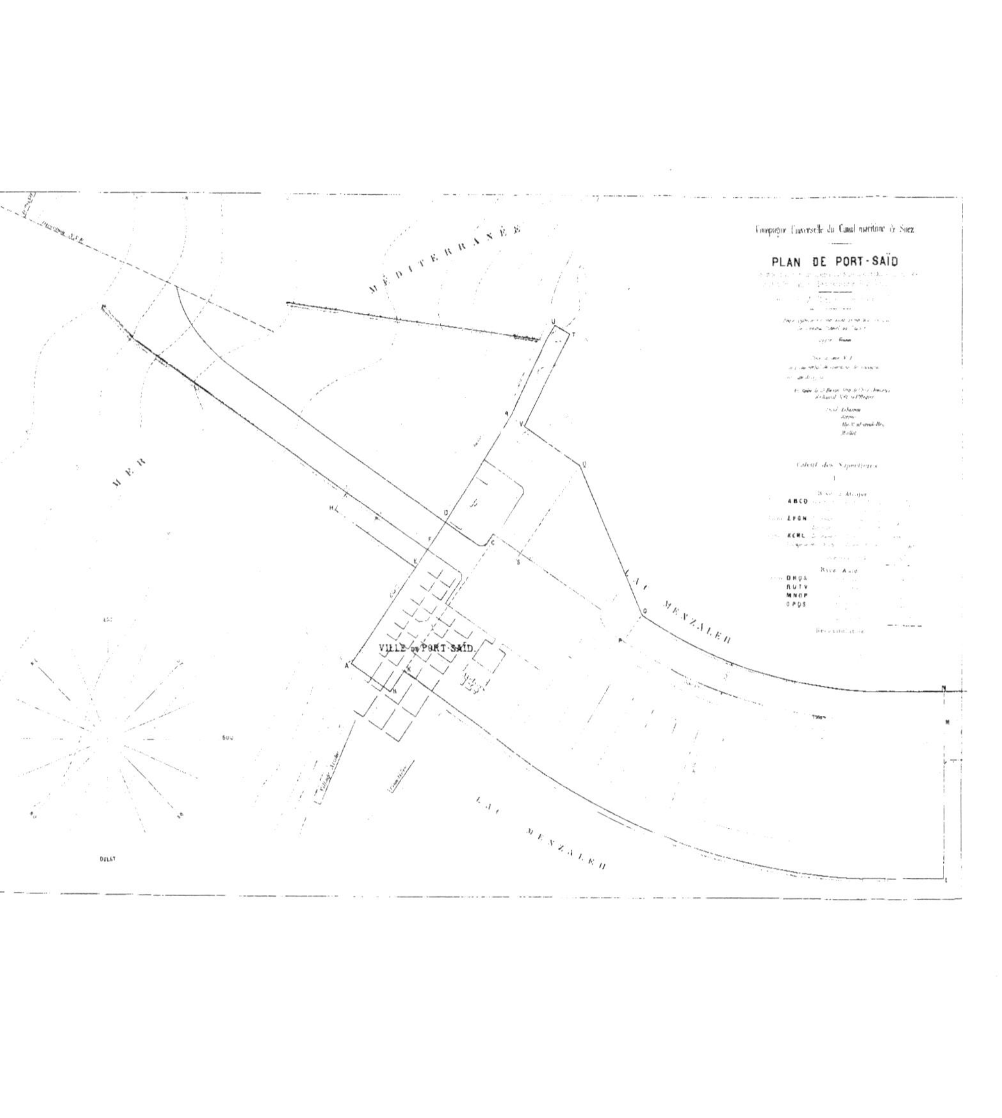

Compagnie Universelle du Canal maritime de Suez
PLAN DE PORT-SAÏD
MÉDITERRANÉE
MER
LAC MENZALEH
LAC MENZALEH
VILLE de PORT-SAÏD
Calcul des Superficies
Rive d'Afrique
ABCD
EFGH
KCHL
Rive Asie
DRQA
RUTV
MNCP
OPQS
NORD
SUD
EST
OUEST

projets de la Compagnie

Travaux

in

2

des soussignés

6 de l'Ère chrétienne
de l'Hégire

Calvasteur.

Numer ver.
Moubarreck-B. y
llet.

Trapèze
Trapèze
Trapèze
Triangle

30. Rectan
Trapèze
Trapèze
Trapèze

chaque

nal prop
ateur

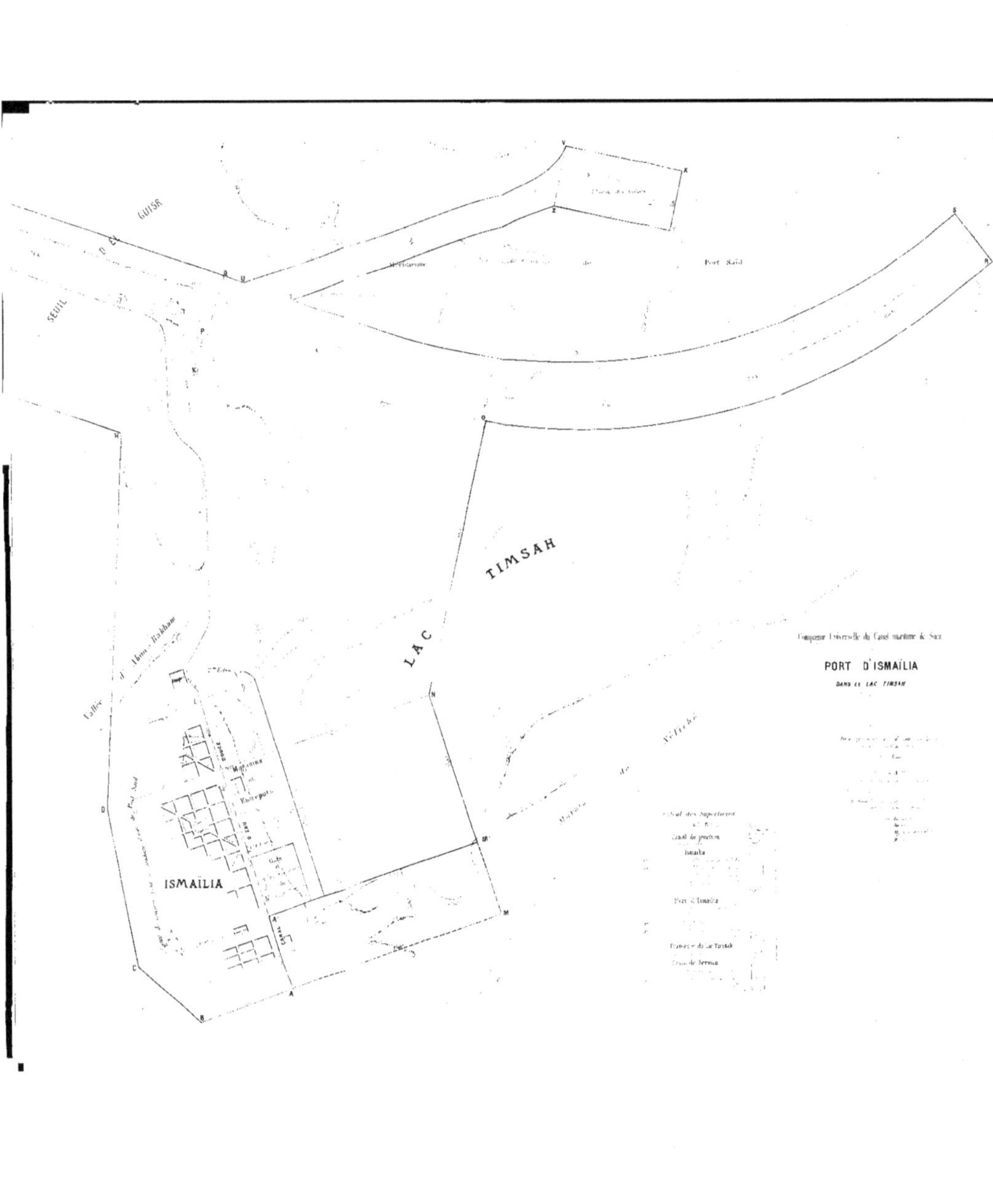
GUISR
SEUIL D EL
Port Saïd
LAC TIMSAH
ISMAÏLIA
Compagnie Universelle du Canal maritime de Suez
PORT D'ISMAÏLIA
DANS LE LAC TIMSAH

des Superficies

Sept

	[illegible]
au[illegible]	53 . [illegible]
des	[illegible] . 63
total	151 89	en nombre rond [illegible]

reçu par la commissaire [illegible]

19 F[illegible]

| Chau[illegible] | 13 . [illegible] |
| S[illegible] | [illegible] . 60 |
| total | 197 . 10 | en nombre rond [illegible]

[illegible] par [illegible] commissaire [illegible]

S

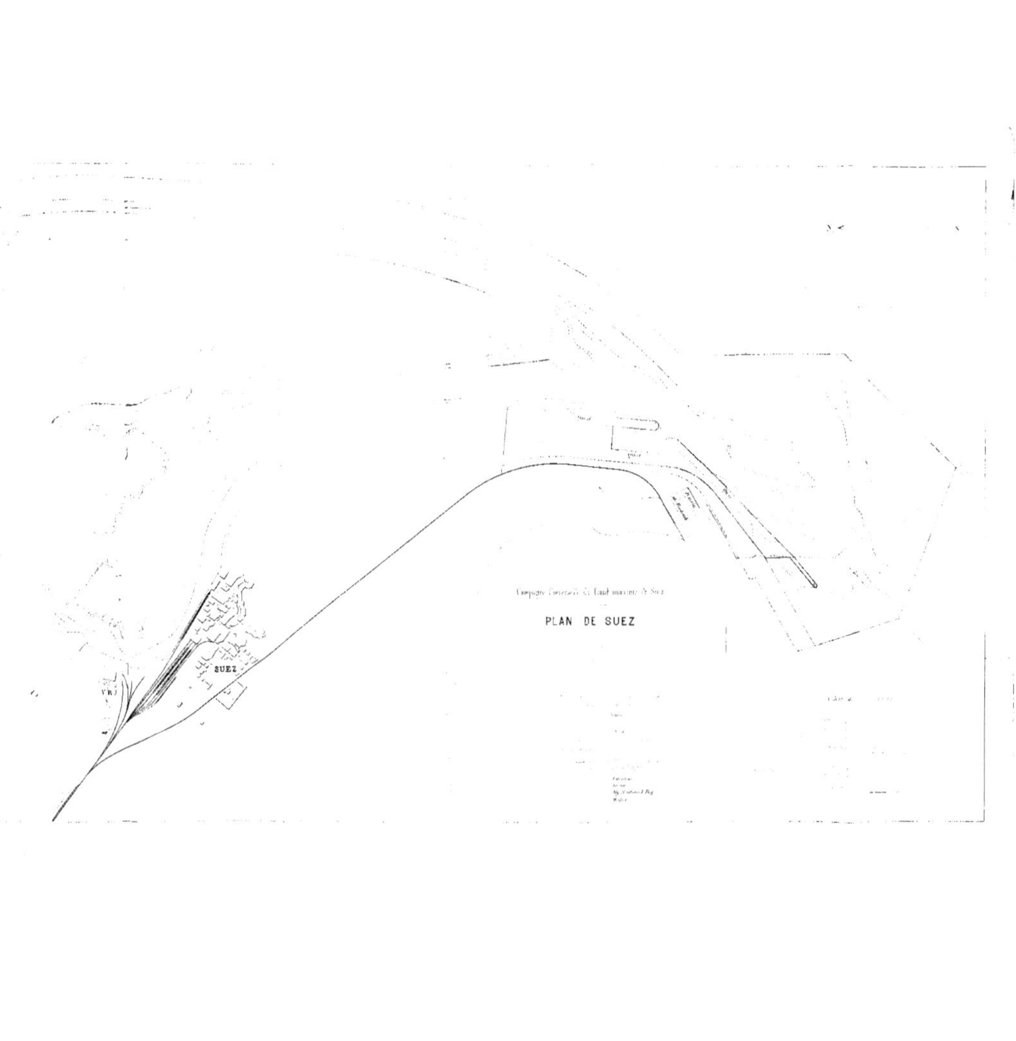
Compagnie Universelle du Canal maritime de Suez
PLAN DE SUEZ
SUEZ